教育部 2020 年度高校思想政治理论课教师研究专项一般项目
融合的思政课教学改革与实践（项目批准号：20JDSZK100）

U0564319

马万顺 等

著

"红" "绿"
融　合

农业职业院校
思政课改革与实践

江苏大学出版社
JIANGSU UNIVERSITY PRESS
镇 江

图书在版编目（CIP）数据

"红""绿"融合：农业职业院校思政课改革与实
践／马万顺等著. -- 镇江：江苏大学出版社，2023. 9
ISBN 978-7-5684-2030-3

Ⅰ. ①红… Ⅱ. ①马… Ⅲ. ①高等学校—思想政治教
育—教学改革—研究—中国 Ⅳ. ①G641

中国国家版本馆 CIP 数据核字（2023）第 177904 号

"红""绿"融合：农业职业院校思政课改革与实践
"Hong" "Lü" Ronghe：Nongye Zhiye Yuanxiao Sizhengke Gaige yu Shijian

著　　者／马万顺　等
责任编辑／张　平　李　娜
出版发行／江苏大学出版社
地　　址／江苏省镇江市京口区学府路 301 号（邮编：212013）
电　　话／0511-84446464（传真）
网　　址／http://press.ujs.edu.cn
排　　版／镇江文苑制版印刷有限责任公司
印　　刷／镇江文苑制版印刷有限责任公司
开　　本／710 mm×1 000 mm　1/16
印　　张／13.75
字　　数／240 千字
版　　次／2023 年 9 月第 1 版
印　　次／2023 年 9 月第 1 次印刷
书　　号／ISBN 978-7-5684-2030-3
定　　价／48.00 元

如有印装质量问题请与本社营销部联系（电话：0511-84440882）

序

我和江苏农林职业技术学院有很深的渊源，和马万顺教授认识也很多年了。

认识他的时候，我知道他是思政课教师，但是更熟知的是，他是这所学校成人教育中心的主任。因为这个缘故，我们有过很多次交往。他在繁忙的工作之余，丝毫没有放松在思政课方面的教学和研究，30多年来一直坚持上思政课，主持了一些课题，发表了一些有质量的论文。

后来，他担任了学校思政部、马克思主义学院（简称"马院"）的"一把手"，直接负责学校的思政课建设。这几年，这所学校的思政课建设有了很大的起色：教师从过去的三四个人，扩展到了如今的40余人；教师们从被压得喘不过气，到可以以中小班规模从容地开展教学；从"应付"教学尚且应接不暇，到可以有意识地开展教学上的改革创新……可以说成绩显著。

在这种情况下，他们提出了"红""绿"融合式思政课教学改革。我看了他送来的书稿，从头到尾读了一遍，发现他们的改革是有一些真东西的，而不是炒概念、整词儿。他请我作序，我便高兴地同意了。

这几年，高职院校的思政课建设发展非常迅速，甚至在一些方面（如教学方法创新、实践教学开展等）大有赶超本科高校的态势。江苏农林职业技术学院就是其中积极行动起来并取得不少成绩的鲜明个案和先进典型。他们的"红""绿"融合式思政课教学改革能够取得一些成绩、产生一些经验，我想大概有4点原因。

一是得益于学校的高度重视。学校重视，舍得投入，肯给予支持，是思政课改革创新并取得成功的先决性条件。我看到了，他们学校在思政课领域是舍得投入的。教师数量多起来，办公条件好起来，研修学习频起来，甚至学校还斥资建立了自己的实训场馆和虚拟仿真系统，这都为思政课教学改革的顺利进行和持续开展提供了坚实的物质基础。

二是得益于马院的实事求是。每个学校的马院（有的学校仍称思政部、社科部等）建设和思政课建设都可以做出成绩。不过，每所学校、每个思政课教师团队的情况并不相同，甚至差异显著。高职院校有理工类、综合类、财经类、医药类、师范类、艺术类、农林类、政法类、体育类、语言类、民族类等不同类型。江苏农林职业技术学院是一所农林类高职院校，有着自身特点，可以在思政课改革创新中形成、拥有自己的特色和优势。此次，他们形成的"红""绿"融合式思政课改革，就是用好学校的行业特色及学校地处茅山革命老区的地域特色的良好范例。这种实事求是的态度，让他们能够从容不迫、卓有成效地开展教学改革——理论教学上的、实践教学上的，教学理念上的、教学内容上的、教学方法上的。

三是得益于团队的精诚协作。教学改革，不是某个细枝末节的改革，而是全面的、系统的、深入的改革。改革方向对不对，改革内容行不行，改革节奏快不快，改革实效好不好，这些都需要去思考、实践、观察、比较，会耗费大量的时间、精力，如果没有精诚合作，没有团队成员自觉投身其中的使命感、责任感、紧迫感，是很难做完、做成、做好的。他们的改革，能有所获、有所成，也反过来说明他们是有精诚合作的，这种合作也是有所成的。

四是得益于多年的不断积累。教学改革已经持续多年。从自在到自为，从被动到自觉，无不反映着大家在这条道路上的默默坚守、不断坚持。从理念出处到举措形成，从实践开展到总结反思，这需要一个较长的周期，甚至可能还会存在一个比较、反复的过程。这些都离不开团队成员的不断积累。从书稿中可看出团队成员在长期积累过程中的努力。这大概也是他们的改革能成为江苏省高校思政课创新示范点项目和教育部全国高校思政课教学方法择优推广项目的原因吧。

正如书稿绪论所述，"红"和"绿"不仅仅是一个概念，它更是理念、对象、内容、方法、手段的统一。"红""绿"融合式教学改革，是全方位的改革，这种改革既有农林类高职院校的特殊性，也有高职院校甚至全部高等院校的普适性。今天，他们将研究成果出版，就是本着这样一种用意——不但要使农林类高职院校的思政课守正创新、有所助益，也能让其他高校获得启迪、互相促进。

当然，他们的团队还很年轻，大部分都是不满 30 周岁的年轻人。书中的一些表述、观点仍值得推敲，甚至可能还会有些武断；他们总结的经验，可能还有待其他院校在借鉴时进行检验。不过，能及时地将这些不太完美的、稍显稚嫩的成果拿出来，终究是件好事。请大家能包容地看待这本书，多提宝贵意见，与他们进行沟通、交流、商榷，进而促进共同发展、共享共赢。我想，这兴许也是这本书的另一重价值所在。

赵卫东

2023.5.4 于武功村

目录

绪　论

一、什么是"红"？

红，在我国自古以来便是喜庆的颜色，是人民幸福生活的映照。红，更因为中国共产党的革命、建设、改革而具有了新的内涵，并成为中国共产党人的精神血脉之一。

"红"，或者说"红色"，是马克思主义指导思想及其指导下的中国共产党在长期奋斗过程中所产生的理论品质、精神特质、文化气质。江苏农林职业技术学院（以下一般简称"学校"）结合地域实际和办学特色，实施"红""绿"融合式教学改革，取得了一定成绩。这一语境下的"红"，包括以下6层含义。

（一）红色旗帜

学校坚持党的领导，坚持马克思主义理论的指导，坚持社会主义办学方向，深入落实立德树人根本任务，在思想政治理论课（以下一般简称"思政课"）教学过程中，用积极的行动观照和回答"培养什么人、怎样培养人、为谁培养人"这个根本问题。学校马克思主义学院和全体思政课教师坚决扛起立德树人主力军、主渠道、主阵地的责任，站在意识形态的最前沿，教育引领广大同学坚定理想信念、淬炼道德品格、增强法治观念、增进政治认同，助力青年大学生成为听党话、跟党走和有理想、有本领、有担当的新时代"新农人"。马克思主义学院在学校思政课建设和改革创新中始终高举红色旗帜，坚持"马院姓马，在马言马"，为学校的思想政治教育确定了根本基调。在这一过程中，全体思政课教师明确职责使命，各展所长，竭尽所能，为学校的理论宣讲、党员培养、"青马工程"、辅导员培训、"三全育人"、课程思政建设等工作做出了切实贡献，让各项工作和各种举措都能与思政课程同向同行、协同发力，为学校办好社会主义大学、兴盛社会主义先进文化、弘扬社会主义核心价值观奠定了坚实基础。

（二）红色理论

习近平总书记在党的二十大报告中指出："实践告诉我们，中国共产党为什么能，中国特色社会主义为什么好，归根到底是马克思主义行，是中国化时代化的马克思主义行。"[①] 马克思主义学院以研究、宣传、推广马克思主义理论为己任。思政课教师在教育教学中，始终沿着马克思主义中国化这条主线，对马克思列宁主义、毛泽东思想、邓小平理论、"三个代表"重要思想、科学发展观和习近平新时代中国特色社会主义思想进行针对性、精准性、全面性讲解和剖析。在教学中，无论是对于专科生的4门必修课"思想道德与法治""毛泽东思想和中国特色社会主义理论体系概论""习近平新时代中国特色社会主义思想概论""形势与政策"，还是对于4+0、3+2本科生的另两门必修课"马克思主义基本原理"和"中国近现代史纲要"，教师们都自觉地将理论阐释、理论分析贯穿其中，让学生在学知识、学历史、学文化的过程中，明晰理论、学好理论，进而坚定其理论自信。马克思主义学院和思政课教师还积极承担责任，以社会服务的形式，为属地政府机关、企事业单位进行理论宣讲，让马克思主义理论，尤其是新时代党的理论创新成果、习近平新时代中国特色社会主义思想在基层群众中生根发芽，努力实现马克思主义的时代化、大众化。这些行动与努力，为用习近平新时代中国特色社会主义思想立德树人、培根铸魂、启智润心、武装头脑、指导实践、推动工作奠定了坚实基础。

（三）红色资源

习近平总书记强调："红色是中国共产党、中华人民共和国最鲜亮的底色，在我国960多万平方公里的广袤大地上红色资源星罗棋布，在我们党团结带领中国人民进行百年奋斗的伟大历程中红色血脉代代相传。每一个历史事件、每一位革命英雄、每一种革命精神、每一件革命文物，都代表着

[①] 习近平. 高举中国特色社会主义伟大旗帜 为全面建设社会主义现代化国家而团结奋斗：在中国共产党第二十次全国代表大会上的报告 [R/OL].（2022－10－16）[2023－03－03].http://www.gov.cn/gongbao/content/2022/content_5722378.htm.

我们党走过的光辉历程、取得的重大成就，展现了我们党的梦想和追求、情怀和担当、牺牲和奉献，汇聚成我们党的红色血脉。"① "红色资源是我们党艰辛而辉煌奋斗历程的见证，是最宝贵的精神财富。"② 红色资源具有铭记历史、构建逻辑、确立信仰、激扬斗志等思想政治教育功能。③ 为了让思政课开得更好、建得更好、成效更好，学校积极利用红色资源，使之在思政课教学中发挥积极作用。这些红色资源，有的可以作为教学的素材，有的可以充当课堂的案例，有的可以成为教研的支撑，有的可以作为实践的载体，有的可以成为拓展的依据，有的可以成为守正创新的基础，有的还可以成为学术研究的线索，用途不一而足。学校在红色资源融入思政课教学改革方面进行了较为深入的尝试与探索，例如，建设了由"党史中的口号"和"中国精神"两个主题展馆构成的"党史学习教育展览馆"，量身定制了基于地域红色资源的虚拟仿真系统——"韦岗战斗"VR系统，并将一个个红色经典剧目改编成情景剧在全校进行展演。这些尝试与探索取得了很好的教育教学效果，也为学校思政课守正创新打下了深厚的根基。

(四) 红色实践

学校在思政课守正创新中，特别重视实践的作用，开展了包括课堂实践、校内实践、社会实践在内的一系列实践活动，甚至还开设了思政类实践课程——"思想政治理论课社会实践"。这些实践中，不少主题、内容也是"红"的。实践类型涵盖基地教育、社会实践、案例教学、阅读实践、校园文化、研究实践等④，具体表现为参观考察、社会调研、情景模拟、文艺表演、朗诵演讲、辩论研讨、文学创作、作品展示⑤等形式。在这一过程中，学校，尤其是马克思主义学院对实践活动进行了系统构想和全面规划，

---

① 习近平. 用好红色资源 赓续红色血脉 努力创造无愧于历史和人民的新业绩 [J]. 求是, 2021 (19)：4-9.
② 习近平. 用好红色资源 赓续红色血脉 努力创造无愧于历史和人民的新业绩 [J]. 求是, 2021 (19)：4-9.
③ 唐智. 红色资源思想政治教育功能的整合与调适 [J]. 天津中德应用技术大学学报, 2020 (2)：85-89.
④ 柳礼泉. 论思想政治理论课实践教学的形式 [J]. 思想理论教育导刊, 2007 (3)：66-69.
⑤ 唐智. 地域资源在高职思政课实践教学中的作用及其实现路径：以广州市从化区为例 [J]. 四川职业学院学报,2016 (2)：154-157.

将"红"深深地嵌入其中、融入其内。例如，参观考察类的实践——组织学生前往茅山新四军纪念馆、新四军韦岗抗战纪念馆、沙家浜革命历史纪念馆、侵华日军南京大屠杀遇难同胞纪念馆、雨花台烈士陵园等地进行参观、考察、学习；社会调研类的实践——组织学生对红色遗迹、遗存、故事、传说等资源进行搜集整理，拜访老兵（参加过抗日战争、解放战争、抗美援朝战争等），并对老兵的相关史料进行抢救性挖掘，等等；情景模拟类的实践——组织学生对一些红色经典文艺作品，尤其是影视剧进行再创作，使之变成红色情景剧，并在校园内进行展演、会演，如对《沙家浜》《红灯记》《白毛女》《林海雪原》等文艺作品的改编和再创作取得了公认的效果；文艺表演类实践——组织学生精选主题，以红色人物、事迹为基础，以情景再现、影视配音等方式进行展示，让学生对红色文化和红色文化作品有了更多的接触和更深的理解；朗诵演讲类实践——较为常见的实践形式，或在班内，或在马克思主义学院范围内，或以学生社团为承办单位，或联合校内其他单位共同承办，让学生通过朗诵、演讲的方式，讴歌中国共产党的丰功伟绩，颂扬中华民族和社会主义，以及可亲、可敬、可爱的伟大人民；辩论研讨类的实践——以一定的红色人物、事件、史料为素材，开展研究性的学习，对其中的是非曲直、逻辑理路、发展路径等进行分析、研究、探讨和交流，让"头脑风暴"在这一过程中发挥积极作用；文学创作类实践——鼓励和引导学生通过诗歌、散文、微小说等形式，就一定的红色主题进行创作性表达，学生可以据此对思政理论增进认同、加深理解，同时可陶冶情操、坚定信念；作品展示类实践——主要通过书法、绘画、海报、手抄报、微电影、短视频等传统或现代表现手法，让学生将对红色文化的认识、体会、体验、感悟表达出来，以实现相互切磋、共同成长的效果。

（五）红色底蕴

学校属地为句容市，句容系江苏省镇江市代管的县级市。这里，有绵延数十公里的茅山山脉。1938 年 5 月，毛泽东同志发表《抗日游击战争的战略问题》一文，把茅山列为已经建立或正在建立或准备建立的全国六大山地根据地之一，并且指出"这些根据地将是抗日游击战争最能长期支持的场所，是抗日战争的重要堡垒"①。是年6月，以陈毅、粟裕为代表的中国共产党人领导新四军建立了以茅山为核心的苏南抗日根据地。从1938年到1944年春，整个华中抗日根据地军民和日伪作战17500余次，毙伤日伪军24万余人，其中以茅山为中心的苏南抗日根据地功不可没②。这几年中，句容发生了许多可歌可泣的故事，句容人民为抗日做出了巨大的牺牲，也产生了以巫恒通、柳流烈、徐明、王妞妞、李桂荣等为代表的英雄人物，在党的历史上留下了浓墨重彩的一笔。句容的土地上，还留下了以新四军医疗所、新四军修械所、新四军水坝、新四军地下交通站（茅山镇丁庄村、天王镇唐陵村等地均有）为代表的一系列革命遗迹遗存。这里还有全国闻名的茅山新四军纪念馆和苏南抗战胜利纪念碑，后者甚至因"碑下放鞭炮，空中响军号"的独特现象而成功申报了上海大世界吉尼斯记录。而今，这里红色旅游方兴未艾，每年来此旅游、体验的游人络绎不绝。句容还设置了茅山铁军营、茅山铁军教育学院等，让地域红色精神能够得到更好的传承和弘扬。学校基于"近水楼台"的优势，与地方及相关红色场馆进行紧密结合，积极搜集、整理、开发、利用红色资源，让思政课教学，尤其是党史教育和"中国近现代史纲要"等课程的教学，底蕴更深厚、内涵更丰富。马克思主义学院还据此组建了红色文化研究中心。教师们在此基础上撰写论文、申报课题、开展研究，并将相关研究成果及时应用到思政课教育教学上，取得了良好效果。

（六）红色团队

学校遵照中共中央办公厅、国务院办公厅《关于深化新时代学校思想政治理论课改革创新的若干意见》、教育部《高等学校思想政治理论课建设标准（2021年本）》、教育部《新时代高等学校思想政治理论课教师队伍建设规定》、教育部《普通高等学校马克思主义学院建设标准（2019年

① 毛泽东. 毛泽东选集：第2卷 [M]. 北京：人民出版社，1991：419.
② 危立平. 茅山记忆 [N]. 解放军报，2021-11-25（12）.

本）》等文件的规定，按照师生比 1：350 配齐专职思政课教师。截至 2023 年 7 月，学校已经超额完成 1：350 的师生比目标。马克思主义学院为了让年轻的思政课教师尽快进入状态，尽早适应岗位，更好彰显作用，采取了诸多培养、锻造、历练举措。其中，以红色为底色打造一支精兵劲旅是最为重要的认识基础和行动方略。马克思主义学院引导所有新入职的教师，注重从自身的个性特点、教研室的职责分工和自己的学术志趣出发，将"四史"（尤其是党史）、红色文化、红色基因、茅山革命老区文化、新四军历史文化等与自己的职业发展规划结合起来，并参与相关理论研究和实践研修，帮助年轻教师尽快成长，渐次成为政治强、情怀深、思维新、视野广、自律严、人格正的优秀思政课教师。

二、什么是"绿"？

"绿"的定义非常广泛。于学校而言，"绿"是因农林类职业院校（为了统一，下文简称"农业职业院校"）而生成的一种具有办学特色、行业特点、历史传承和文化品位的特质。这一特质，其他类院校兴许也有，但是远不如农业职业院校清晰、明了、深刻、彻底。因而，作为农业职业院校的佼佼者，学校对思政课守正创新，敏锐地将"绿"纳入眼界、加以重视，使其成为另一个落脚点和着力点。具体而言，"绿"包括如下 5 层含义。

（一）绿色理念

习近平总书记指出，"实践表明，生态环境保护和经济发展是辩证统一、相辅相成的，建设生态文明、推动绿色低碳循环发展，不仅可以满足人民日益增长的优美生态环境需要，而且可以推动实现更高质量、更有效率、更加公平、更可持续、更为安全的发展，走出一条生产发展、生活富裕、生态良好的文明发展道路"[①]，并进一步强调，"要大力宣传绿色文明，

[①] 习近平. 努力建设人与自然和谐共生的现代化 [J]. 求是，2022（11）：4-9.

增强全民节约意识、环保意识、生态意识，倡导简约适度、绿色低碳的生活方式，把建设美丽中国转化为全体人民自觉行动"[1]。在思政课建设过程中，马克思主义学院不仅仅在各门思政课程教学时将绿色理念讲清、讲透、讲实、讲活，更积极践行绿色发展理念。马克思主义学院和思政课教师，在制订发展规划和职业生涯规划的时候，善谋长远之计、厚植成长之基，让教师能沿着长远发展目标而非短期临时目标前进；在发展中，践行绿色、低碳理念，实事求是做实事，而不是弄虚作假图虚功；在学院建设中，反对铺张浪费、践行勤俭节约，使人员、经费、物资各尽所能；在教育教学中，通过各种方式引导和教育广大学生深刻认识到绿色发展理念、绿色发展意识、绿色发展动能的重要性，触发大家的理论思考和实践行动。在绿色理念的基础上，马克思主义学院的发展、团队建设、思政课教学都更有成效、更加高效，也更富特色、更显气质。

（二）绿色专业

学校是农业职业院校，也是全国知名、实力不凡、广获赞誉的农林类职业院校中的领军学校。学校的大部分专业都涉农，有的专业虽非农林牧渔大类专业，但在办学过程中也被深深地打上了"农"的烙印，具有显著的"绿"的特色。学校进行思政课建设与教育教学改革也正是立足于此。学校从思政课教育教学目标层面将立德树人的目标具象化，提出要为乡村振兴培养有知农之道、爱农之情、兴农之志、强农之能的新时代"新农人"。为了完成这一目标，在课堂教学、社会实践等过程中，学校无不强调于此、聚焦于此、致力于此，也因此打造了特色，产生了实效。在思政课教育教学运行层面，马克思主义学院与各专业学院，思政课教师与专业课教师进行了深入互动。马克思主义学院和思政课教师可以为二级学院的课程育人，尤其是为课程思政出谋划策，使二级学院的工作更有内涵、更具成效。在这些工作中，思政课教师也更加深入、清晰地了解了各个学院和

---

① 习近平. 努力建设人与自然和谐共生的现代化 [J]. 求是，2022 (11)：4-9.

专业，尤其是自己所任教、对接的二级学院和专业，这为提升思政课教师教学的针对性、时效性和实效性奠定了很好的基础。此外，思政课教师可以利用其专长，在专业课教学中"客串"；同样地，专业课教师也可以依托其专业优势，在相关思政课程内容的教学中，为思政课教师弥补专业知识的不足。在教育教学评价上，思政课在教学内容、形式、手段等方面都融入了专业的要素，让学生真切地感受到这种思政课真正来自于农业职业院校，也使学生进一步坚定了学好思政、用好思政的认知、信心和底气。

(三) 绿色乡村

学校始终秉承"育心、育脑、育手"的"三育"职教理念，坚持扎根农村办大学，经过几代人的探索创新，确立了"以服务'三农'为宗旨，能力培养为核心，走产学研一体化之路"的办学理念，形成了鲜明的办学特色，取得了显著的办学成果，引领了我国农业高等职业教育的发展。确切地讲，学校在人才培养、科学研究、社会服务、文化传承等过程中，非常重视与"三农"的关联，非常重视立足农业的实践、农村的实际和农民的实情，让师生们眼睛紧盯乡村、身体立足乡村、处处考虑乡村、时时关注乡村。具体到马克思主义学院和思政课的建设，学校也将这一优势、这一特色、这一其他院校难以比拟的"大招"发挥得淋漓尽致。思政课教师单独或者与专业课教师共同带领学生深入乡村，去观察乡村社会、感知乡村变化、认识乡村治理、体验乡村文化、服务乡村振兴。在广袤的绿色乡村，师生们可以增长知识、见识，收获信心、成长，汲取智慧、力量。在这个过程中，师生们在认识上有了新提升，在视野上有了新拓展，在理论上有了新认知，在实践上有了新体验，对乡村振兴和农业农村现代化的理解也有了新提高，产生了非常积极的效果。

(四) 绿色实践

马克思主义学院在思政课教学实践中，非常重视"绿"的运用。内容上，马克思主义学院提倡思政课教师在教育教学中结合与"三农"事业、乡村振兴、农业农村现代化相关的主题、专题、项目，让大家念兹在兹、聚力行之。形式上，马克思主义学院和思政课教师经过集体备课、共同协商，形成了有利于理论学习、有助于认知提高、有便于体验社会、有益于乡村振兴的一系列实践形式，例如社会调研、志愿服务、专题考察、政策宣传、文化下乡等，充分彰显了农业职业院校课程的社会使命，充分体现了农林学子的"三农"情怀。行动上，马克思主义学院周期性地开展实践教学、实践研修、实践锻炼，有时候以班级为单位，有时候是项目式遴选，有时候以青年马克思主义者协会、乡村振兴研习社等社团活动的形式组织。总而言之，学院多维度、多层次搭建平台、创造机会，让广大学生能下到乡村、深入基层、关注社会、服务人民，真正体现思政课的社会价值。成效上，学校的青年大学生们利用自己的专长，有的为农民进行技术技能服务，有的回乡村进行景观手绘，有的为乡村基层解决现实问题，大家将知识、技能、素养和情感融汇在一起，共同倾注到乡村振兴的实践中，受到村民的真心欢迎，得到社会的广泛关注，获得媒体的纷纷点赞。

（五）绿色禀赋

学校是农业职业院校，专业是特色分明的涉农专业，学生是即将奔赴乡村振兴一线的"新农人"，教师队伍是经验丰富、能力卓著的专业团队，这些都是马克思主义学院改革创新的重要依托。学校的绿色相关文化资源、制度资源、信息资源、人脉资源等都是学校依托"绿色"进行思政课守正创新的重要支撑。学校百年来植根"三育"、服务"三农"的办学传统，以及学校属地句容市农业农村的现代化发展成果，都为思政课创新发展提供了源源不断的动能。一批批走出校园、走向乡村、服务乡村振兴，并在"三农"事业或农业产业中取得显著成就的校友，也将是未来马克思主义学院和思政课建设做好"绿色"文章的底气。未来，学校将在这些方面、这些领域继续用心、用力、用情，共同开创更好的育人局面。

三、为什么要"红""绿"融合?

思政课是立德树人的主渠道、主阵地。思政课建设和思政课教育教学绝不是千篇一律、一成不变的,而应该是各有千秋、生机勃勃的。一所学校,要对思政课守正创新,就必须从学校的实际出发、从课程的实际出发、从地域的实际出发,只有这样,才能真正实现特色立身、特色成业、特色发展。

(一) 党和国家的要求使然

思政课要创新,就要有自己的特色,要能吸引人、培养人、塑造人。"红""绿"融合,既能让学生有理想信念、道德理念、价值观念,也能让学生有家国情怀、人民情怀、"三农"情怀,既能顶天,也能立地,进而真正体现思政课的价值品位,真正扛起为党育人、为国育才的光荣使命,真正为乡村振兴和农业农村现代化培养一批批下得去、留得住、干得好的新时代"新农人"。

(二) 学校事业发展的目标使然

学校要发展,必然要有自己的特色,要走自己的道路,具体到思政课也是如此。思政课承担着立德树人的重要责任,以"红""绿"融合的方式改革创新,把思政课建设得有特色、有品位、有成效是非常重要的。唯有此,才能让学生的思想素质、道德素质、法治素质、政治素质有所提高,才能实现师生的文化认同、价值认同、使命认同、行动认同,进而凝心聚力、同心勠力地为培育优秀"三农"人才贡献力量。

(三) 思政课守正创新的需求使然

按照教育部数据,截至 2022 年 5 月 31 日,全国高等学校共计 3013 所,其中:普通高等学校 2759 所,含本科院校 1270 所、高职(专科)院校

1489 所；成人高等学校 254 所。^① 同类学校如此之多，发展路径却各不相同，要想在强手如林的竞争中赢得一席之地，各个学校的思政课建设必须具有自己的特色。学校聚焦"红""绿"融合的教学改革，是基于时代发展、地域特色、学校特点和自身条件的正确选择，只有坚持做下去，思政课才能特色鲜明、品位独特，才能用个性化、独特化的方式教好书、育好人，打造优势、铸就品牌。

（四）学生成长成才的期待使然

农业职业院校应当具有"农"的特色，农业职业院校的学生期待具有地域特点、行业特色的教育。"红""绿"融合，让中国共产党与生俱来的"红"、地域文化中的"红"，与乡村振兴大背景中的"绿"、学校自身蕴含的"绿"结合起来、融汇起来，唱响"红"的旋律，做好"绿"的文章。唯有此，培养的人才才能有别于其他学校，才能具有自己的个性、自身的特色，也才能为走好未来的成才之路、成功之路奠定坚实的基础。

四、怎样实现"红""绿"融合？

（一）教育教学方面的"红""绿"融合

在理论教学中，学校扎根红色大地，办好红色课程，讲好红色故事，面向绿色乡村。用红色理论武装头脑，用红色历程引领航向，用红色故事教书育人，聚力"三农"事业、乡村振兴、绿色发展，建成两门"十四五"江苏省职业教育首批在线精品课程，建设数门有农业特色或与红色相关的选择性必修课程，提升思政课共鸣、共情和共赢能力。在实践教学中，学校依托省级重点实践教材，单设"思想政治理论课社会实践"课程，建好校内实训基地，拓展校外实践教学基地，尤其是乡村振兴研训基地，设置教研室加强实践教学管理，实现了实践课程化、课程项目化、项目精准化。

---

① 全国高等学校名单［DB/OL］.（2022-06-17）［2023-02-20］. http://www.moe.gov.cn/jyb_xxgk/s5743/s5744/A03/202206/t20220617_638352.html.

（二）科学研究方面的"红""绿"融合

在学术研究中，学校从理论发展、时代变迁、教育教学、"三农"工作、田野调查中发现问题、分析问题、解决问题，与地方党校、社科精英、文史学者、"三农"专家、乡土人才一起，围绕老区建设、红色文化、劳模精神、劳动精神、工匠精神、乡村振兴、基层治理、生态文明、美丽中国等内容，建基地、组团队、搭平台、搞调研、攻课题、发论文，突显鲜明科研特色，形成持久科研定力；加大激励力度，保持科研动力，形成积极局面：请进来，听专家、学者讲座，维系良好的学界关系；走出去，接触学界最新的动态、趋势，提升研究的时代性、新颖性。

（三）社会服务方面的"红""绿"融合

注重发挥思政课教师在理论宣讲、政策解析等方面的优势，与地方党委宣传部门、党校、团委、乡镇、企事业单位、中小学进行合作，通过党课讲授、理论宣讲等方式，进入乡镇、深入社区、直面问题，知民情、晓民意、解民忧，实现社会服务言之有据、行之有效、持之以恒。校内，马克思主义学院创建与各级党团组织的关联，进行理论宣讲类的校内服务。

（四）师资队伍方面的"红""绿"融合

专任思政课教师必须学习"三农"文化、理论和政策，要做到"四有六要"[①]。思政课教师要找到自己感兴趣的"红"或"绿"的因子，或深入挖掘，或广泛拓展，或不懈坚持，形成自己的特长、优势。同时，学校聘请农业模范、劳动模范、农村基层带头人、农业专家学者、新型乡贤、农村致富带头人、党校学者、党史专家、民间学者等，给学生讲信仰、讲选择、讲坚守、讲奋斗，坚定学生的学农信念、为农初心、兴农使命。

---

① "四有六要"指有理想信念、有道德情操、有扎实学识、有仁爱之心，政治要强、情怀要深、思维要新、视野要广、自律要严、人格要正。

（五）资源建设方面的"红""绿"融合

挖掘属地"时代楷模"赵亚夫，江苏"时代楷模"糜林（已逝），全国劳动模范方继生（已逝）、纪荣喜、杨修林，江苏省劳动模范王柏生、张奎峰、曲秀鹏等本土"三农"人物的红色故事、红色精神，用好新四军、茅山革命老区、苏南革命根据地及句容范围内的红色文化资源，引领学生学榜样、见行动，为伟大复兴、乡村振兴做出自己的贡献。

（六）品牌塑造方面的"红""绿"融合

在教学、科研、社会服务方面，学校有意识地围绕着"红"或"绿"进行包装，塑造品牌：维持与媒体的良好关系，通过包装、宣传、造势和正向激励，表彰、鼓励、引导教师，化教师的被迫做事为积极找事、认真谋事、能够成事。

第一章

农业职业院校思政课改革的背景和依据

习近平总书记在党的二十大报告中指出："培养什么人、怎样培养人、为谁培养人是教育的根本问题。育人的根本在于立德。"① 思政课是落实立德树人根本任务的关键课程，作用不可替代。办好思想政治理论课关键在教师，关键在发挥教师的积极性、主动性、创造性。思政课教师，要在学生心灵中埋下真善美的种子，引导学生扣好人生第一粒扣子，在探索新时代思政课教育教学改革中教师的责任重大。

习近平总书记强调，"要推动思想政治理论课改革创新，不断增强思政课的思想性、理论性和亲和力、针对性"；要"坚持政治性和学理性相统一；坚持价值性和知识性相统一；坚持建设性和批判性相统一；坚持理论性和实践性相统一；坚持统一性和多样性相统一；坚持主导性和主体性相统一；坚持灌输性和启发性相统一；坚持显性教育和隐性教育相统一"。②

因此，农业职业院校思政课改革应立足"两个大局"，服务乡村振兴，聚焦现实发展，助力"一懂两爱"（懂农业、爱农村、爱农民）人才培养。应以立德树人为根本任务，坚持价值塑造寓于知识传授和能力培养之中的原则，在培养"有理想有本领有担当"的时代新人过程中，结合"一懂两爱"人才培养目标，探索农业职业院校思政课教育教学方法，注重培养学生"强农有我"的时代精神，达到"学农—爱农—务农—兴农"的育人目标。在思政课教育教学过程中，不仅需要结合学校办学特色，还要结合全球发展大势，注重培养学生的国际视野，致力于实现中华民族伟大复兴的中国梦。

一、立足"两个大局"

习近平总书记在党的二十大报告中指出："当前，世界之变、时代之

---

① 习近平. 高举中国特色社会主义伟大旗帜 为全面建设社会主义现代化国家而团结奋斗：在中国共产党第二十次全国代表大会上的报告［R/OL］.（2022-10-16）［2023-03-03］. http://www.gov.cn/gongbao/content/2022/content_5722378.htm.
② 习近平. 思政课是落实立德树人根本任务的关键课程［J］. 新长征（党建版），2021（3）：4-13.

变、历史之变正以前所未有的方式展开。"① 中华民族伟大复兴战略全局和世界百年未有之大变局是思想政治教育工作应该遵循的国内大局和国际大局，也为当下及今后思政课教学改革发展指明了方向。为此，在思政课教育教学中要认清"两个大局"及其相互作用的关系，在学懂弄通的基础上，更要向学生讲清楚"两个大局"的极端重要性，使学生理解"两个大局"给我们提供的发展机遇和发展空间远远大于我们面临的挑战；指导学生在实际生活中登高望远、攻坚克难，共同推进中国的现代化建设和中华民族的伟大复兴。

（一）中华民族伟大复兴战略全局

目前，我国发展步入近代以来的最好时期，正处于实现中华民族伟大复兴的关键时期。新中国成立以来特别是中国特色社会主义进入新时代以来，我国社会生产力、综合国力、人民生活水平实现了历史性跨越，经济实力、科技实力、国防实力进入世界前列。今日之中国，早已告别积贫积弱的时代，也早已告别物资短缺的时代，人民生活实现了从温饱不足到小康富裕的伟大飞跃，我们比历史上任何时期都更接近、更有能力和信心实现中华民族伟大复兴的目标。

船到中流浪更急，人到半山路更陡。我们具备过去难以想象的良好发展条件，但也面临着各种可以预见和难以预见的困难和问题，形势环境变化之快、改革发展稳定任务之重、矛盾风险挑战之多，对我们党治国理政考验之大前所未有。在 14 亿多人口的大国实现社会主义现代化，这是人类历史上从未有过的壮举。实现"两个一百年"奋斗目标和中华民族伟大复兴的中国梦，将创造人类发展史上惊天动地的发展奇迹。面对这样的任务、挑战和考验，中国改革需要"涉深水"和"闯险滩"，需要防范化解"黑天鹅""灰犀牛"事件等各种重大风险，这些无疑都考验着当代中国共产党人

---

① 习近平. 高举中国特色社会主义伟大旗帜 为全面建设社会主义现代化国家而团结奋斗：在中国共产党第二十次全国代表大会上的报告［R/OL］.（2022-10-16）［2023-03-03］.http://www.gov.cn/gongbao/content/2022/content_5722378.htm.

的胆略和智慧。

中国共产党是实现中华民族伟大复兴的根本保证。新的历史条件下，党面临的执政环境和社会条件已经并继续发生着深刻变化，面临"四大考验"和"四大危险"。截至 2022 年 12 月 31 日，中国共产党党员总数为9804.1 万名，有基层党组织506.5 万个。作为一个长期执政的世界第一大党，中国共产党能不能始终保持先进性和纯洁性，能不能不断提高领导能力和执政能力，能不能始终坚定走在时代前列、经得起各种风浪考验，直接关系到实现"两个一百年"奋斗目标和中华民族伟大复兴的前景。党的十八大以来，以习近平同志为核心的党中央，面对国外形势的快速变化，国内发展不充分不平衡、社会治理存在的突出问题及党内存在的突出问题，能够继续坚持和加强党的全面领导，持续推进中华民族伟大复兴的中国梦，以坚定决心、顽强意志、空前力度推进全面从严治党，使党的创造力、凝聚力、战斗力显著增强，为建设坚强有力的马克思主义政党、确保党长期执政和国家长治久安提供了根本保证。

在马克思主义中国化的进程中，中国共产党非常注重其与中华优秀传统文化的结合，让马克思主义扎根中国大地。中国共产党人是马克思主义的坚定信仰者和实践者，必然也是中华优秀传统文化的忠实传承者和弘扬者。以习近平同志为核心的党中央在推进中国特色社会主义新时代建设的过程中高度重视弘扬和继承中华优秀传统文化，不断推进中华优秀传统文化与新时代相结合，让优秀传统文化富有新时代的生命力，进一步彰显了中国特色社会主义的浓厚文化底蕴，让中华文明再次迸发出强大的时代力量。

中华民族伟大复兴正处于关键时期，中国共产党和中国人民迫切需要凝心聚力、谋篇布局、攻坚克难的科学理论。习近平新时代中国特色社会主义思想，正是在中华民族迎来从站起来、富起来到强起来的伟大飞跃中，在不断推进党的自我革命，实现党的自我净化、自我完善、自我革新、自我提高的过程中创立并不断丰富发展的。

古往今来，任何伟大的思想都带有其创立者独特的个人风格和鲜明的印记标识。习近平新时代中国特色社会主义思想，是党和人民实践经验和集体智慧的结晶，主要创立者是作为党中央的核心、全党的核心的习近平同志。习近平同志以马克思主义政治家、思想家、战略家的非凡理论勇气、卓越政治智慧、强烈使命担当，以"我将无我，不负人民"的赤子情怀，提出了一系列具有开创性意义的新理念新思想新战略，为习近平新时代中国特色社会主义思想的创立发挥了决定性作用、做出了决定性贡献。

（二）世界百年未有之大变局

青年大学生只有清晰认识当下国内外发展的局势，才有可能成长为有理想、有担当的时代新人。当今世界正经历百年未有之大变局，这是以习近平同志为核心的党中央科学认识全球发展大势、深刻洞察世界格局变化而作出的重大战略判断。百年未有之大变局，概括来说，就是当前国际格局和国际体系正在发生深刻调整，全球治理体系正在发生深刻变革，国际力量对比正在发生近代以来最具革命性的变化，世界范围呈现出影响人类历史进程和趋向的重大态势。

世界经济重心呈现"自西向东"位移的特点，新兴经济体和发展中国家在世界经济中占据越来越大的份额。新冠疫情全球大流行、乌克兰危机、新一轮科技革命和产业变革等给世界带来了深刻的影响，国际局势呈现复杂多变的现象。全人类的前途与命运的关联度越来越强，各个国家之间的联系也越来越紧密，整个世界日益成为你中有我、我中有你的人类命运共同体。

世界百年未有之大变局正在加速演变。和平与发展仍然是时代主题，但是不稳定性、不确定性更加突出。国际金融危机深层次影响持续发酵，世界经济增长乏力，催生政治极化、种族冲突、民粹主义、贸易保护主义、孤立主义等思潮不断抬头，贫富分化日益严重，地区热点问题此起彼伏，恐怖主义、网络安全、重大传染性疾病、气候变化等非传统安全威胁持续蔓延。人类面临许多共同挑战，治理赤字、信任赤字、发展赤字、和平赤字等问题越来越严重。新冠疫情全球大流行成为世界百年未有之大变局的新变量、催化剂，这不仅仅让复苏乏力的世界经济雪上加霜，更重要的是它凸显出了西方资本主义主导下的国际体系的严重弊端，加快了国际力量此消彼长，推动大变局不断向纵深发展。

在世界大变局中，中国成为世界格局演变的主要推动力量。中国特色社会主义事业取得举世瞩目的伟大成就，以不可辩驳的事实彰显了科学社会主义的鲜活生命力，中国发展理念、发展道路、发展模式的影响力及吸引力显著增强。人们正在见证"历史终结论"的终结，"中国崩溃论"的崩溃，"社会主义失败论"的失败。中国特色社会主义道路越走越宽广，使世界上正视和相信马克思主义和社会主义的人多了起来，使世界范围内两种意识形态、两种社会制度的历史演进及其较量发生了有利于马克思主义、社会主义的深刻转变，中国特色社会主义成为振兴世界社会主义的中流砥柱。

大变局带来大挑战，也带来大机遇。面对世情的深刻变化，中国共产党和中国人民迫切需要因势而谋、应势而动、顺势而为的科学理论。习近平新时代中国特色社会主义思想，正是在把握世界发展大势、应对全球共同挑战、维护人类共同利益、完善全球治理体系的过程中，在对科学社会主义理论与实践的深邃思考、深刻总结，对坚持和发展中国特色社会主义的不懈探索、砥砺前行中创立并不断丰富发展的。

二、服务"乡村振兴"

（一）国家战略

实施乡村振兴战略是党的十九大作出的重大决策部署。党的十九大报告提出的乡村振兴包含众多新概念、新表述和新要求，彰显了以习近平同志为核心的党中央始终坚持以人民为中心的价值追求、心系农业农村农民的国家情怀、立党为公执政为民的历史担当。

党的二十大报告指出："全面建设社会主义现代化国家，最艰巨最繁重的任务仍然在农村。"① "农业、农村、农民问题是关系国计民生的根本性问题，必须始终把解决好'三农'问题作为全党工作重中之重。要坚持农业农村优先发展，按照产业兴旺、生态宜居、乡风文明、治理有效、生活富裕的总要求，建立健全城乡融合发展体制机制和政策体系，加快推进农业农村现代化。"② 要牢牢把握农业农村现代化总目标，走中国特色社会主义乡村振兴道路，促进农业高质高效、乡村宜居宜业、农民富裕富足，使农业农村与国家同步实现现代化。没有农业农村现代化，就没有国家现代化。

乡村振兴战略是继社会主义新农村建设之后更加深入、全面、系统解决"三农"问题的重大部署。农为邦本，本固邦宁。"三农"问题是贯穿中国革命、建设、改革各个时期的一条重要主线。要坚持用大历史观来看待农业、农村、农民问题。党的十八大以来，党中央一直将发展农业、造福农村、富裕农民作为头等大事来抓，"三农"工作取得了历史性成就。

做好巩固拓展脱贫攻坚成果同乡村振兴有效衔接，关系到构建以国内大循环为主体、国内国际双循环相互促进的新发展格局，关系到全面建设社会主义现代化国家全局和实现第二个百年奋斗目标。乡村振兴和脱贫攻坚实际上是一个问题的两个方面，而不是两个问题。乡村振兴解决的是乡村发展问题，而贫困又是乡村发展问题中的一个最大、最核心的问题。所以绝对贫困问题解决以后，实际上是解决了乡村振兴工作中的一个最大的短板。

党的十八大以来，习近平总书记把脱贫攻坚作为全面建成小康社会的底线任务，亲自挂帅、亲自出征、亲自督战，指出"小康不小康，关键看老乡，关键在贫困的老乡能不能脱贫"，强调"脱贫攻坚，贵在精准，重在精准"，承诺"决不能落下一个贫困地区、一个贫困群众"。党的二十大报

---

① 习近平. 高举中国特色社会主义伟大旗帜 为全面建设社会主义现代化国家而团结奋斗：在中国共产党第二十次全国代表大会上的报告［R/OL］.（2022-10-16）［2023-03-03］.http：//www.gov.cn/gongbao/content/2022/content_5722378.htm.

② 习近平. 决胜全面建成小康社会 夺取新时代中国特色社会主义伟大胜利：在中国共产党第十九次全国代表大会上的报告［R/OL］.（2017-10-27）［2023-03-08］.http：//www.xin huanet.com/politics/19cpcnc/2017/10/27/c_1121867529.htm.

告提出，要"建设宜居宜业和美乡村"。这一最新论断，既丰富了农业农村现代化的科学内涵，进一步指明了乡村振兴的前进方向，又顺应了亿万农民对美好生活的向往，在加快构建新发展格局的关键节点，为中国乡村擘画出了一幅形神兼备的现代化新图景。

实施乡村振兴战略，要加快推进农业农村现代化。要把增加农民收入作为"三农"工作的中心任务，拓展农业多种功能，挖掘乡村多元价值，推进农村一、二、三产业融合发展，加快发展壮大县域经济，多渠道促进农民就地就近就业增收，把产业链延伸环节更多留在乡村，把产业发展的增值收益更多留给农民，着力缩小城乡差距、区域差距、收入差距。要践行"绿水青山就是金山银山"理念，推动农业农村绿色发展，促进产业生态化、生态产业化。

实施乡村振兴战略，需要深入推进农村各项改革。要重视加强和改进乡村治理，强调乡村是我们党执政大厦的地基，治理有效是乡村振兴的重要保障，健全自治、法治、德治相结合的乡村治理体系，推动礼仪之邦、优秀传统文化和法治社会建设相辅相成。

(二) 社会需要

乡村振兴战略、长三角一体化战略等为职业教育和农业职业教育提供了难得的机遇。

在战略设计和实施中，职业教育与产业经济的互动互促，农业农村的基础地位、战略地位及其与其他产业、环节的有机衔接，都居于中心位置。职教强则产业强，农业强则社会稳，农业职业教育必将是长三角一体化战略的重要内容。

脱贫攻坚战略的全面胜利和乡村振兴战略的纵深推进为农业职业教育提供了坚强保证。乡村振兴战略将是"十四五"期间农业农村工作的重大战略和首要战略。在新冠疫情影响下，国内国际形势发生变化，农业农村优先发展，极大地抬升了农业农村的基础地位、战略地位。特别是应对全球粮食安全危机和基层治理难点堵点问题，更加需要高等院校提供农业科技、培育乡村振兴人才。

江苏省正面临在全国率先探索、实现现代化的历史责任和机遇。作为全国农业职业教育领军学校，江苏农林职业技术学院在职业教育现代化、农业农村现代化、经济社会现代化等方面应承担起相应的研究和服务功能。

（三）学校使命

学校发展要与国家发展战略相结合。江苏农林职业技术学院从服务乡村振兴、创新驱动发展、区域协调发展、可持续发展、科教兴国、人才强国等国家战略高度出发，以全球视野、全局观点、长远角度来研究和谋划农业职业院校事业发展规划，深入分析和准确判断当前国情省情校情，对形势做出科学判断，为制定方针、描绘蓝图提供依据。

学校注重把思想政治教育与专业教育融合起来，让思想政治教育"红"的元素融入专业教育，让专业教育"绿"的素养渗入思想政治教育，把"三农"意识培养润化到学生专业学习的全过程，引导学生转变观念，争做有责任、有自信、有能力的新型农业人才，实现价值塑造、知识传授和能力培养三者的有机融合。

学校建立与社会需求相适应、产教融合、灵活多样的人才培养培训体系，打造产教（职教）联盟、产业学院和实训基地，强化德技并修、知行并重，深化"三教"改革，注重培养学生工匠精神，提升学生职业素养和可持续发展能力，提升治理水平，打造农业职业教育高质量发展品牌，努力把习近平总书记对职业教育"大有可为"的殷切期盼转化为"大有作为"的生动实践。

（四）人才培养

学校坚持以习近平新时代中国特色社会主义思想，特别是习近平总书记关于职业教育、思政课改革创新的重要论述武装头脑、指导实践、推动工作；坚持以生为本，统筹各领域、各环节、各方面的育人资源和育人力量，助力构建"三全育人"新格局，提升思政课育人工作的系统性、整体性、衔接性和协同性。坚持立德树人，广泛开展理想信念教育，厚植爱国主义情怀，不断提高学生思想水平、政治觉悟、道德品质；坚守"三农"情怀，营造"禾木"育人环境，大力弘扬"工匠精神"，全面提升学生文化素养、劳动奉献精神和开拓创新能力；坚持深化人才培养模式改革，完善内外协同育人机制，促进行业深度参与学生培养全过程，满足学生多元发展需求，将学生培养成德智体美劳全面发展的社会主义建设者和接班人。

学校落实立德树人根本任务，扎根中国农村办高职，服务区域农业产业转型升级和更高质量、更充分的就业需要，深入推进产教融合、校企合作，健全德技并修、农学结合育人机制，为乡村振兴和农业产业走向全球中高端提供"一懂两爱"的高层次高素质技术技能人才支撑。

农业苦、农民穷、农村落后的传统观念仍然存在，农业职业教育的吸引力仍然是个问题。学校有使命、有责任引领农业职业教育发展，提振社会对"三农"事业的信心。这是一个系统工程，学校需要围绕以生为本、学生发展增值、学生成人成才成业，通过特色发展、精准帮扶提高社会服务水平等，进行系统改革和提升，致力于增强农业职业教育的吸引力。

三、助力"一懂两爱"

（一）厚植学生爱农情怀

从接受职业教育到践行乡村振兴，涉农专业学生首先应具有爱农情怀，要从心底热爱"三农"工作，这样才能保证日后"三农"队伍的稳定性。因此，在思政课改革过程中，学校首先要以培育和践行社会主义核心价值观为统领，以知信行合一为导向，结合农业职业院校办学理念及人才培养目标，从合理设置专题教学模块、开发教学案例、编印教学讲义、开展"红""绿"融合研学等方面，紧扣"三农"发展主题，润化"三农"情怀。

其次，要以政治认同、家国情怀、美丽乡村为重点，以懂农业、爱农村、爱农民为主线，上好思政课主干课程，同时围绕"四史"教育、中国优秀传统文化、大国"三农"、乡村振兴等,开设具有农业职业院校特色的思政选修课,打造以思政主干课程为核心的思政课程群。

学校立足农业职业院校教学实际和学生学情考察,遵循立德树人的教育原则,依据农业职业院校"红""绿"融合的教学改革理念,注重把思想政治教育与专业教育融合起来,让思想政治教育"红"的元素融入专业教育,让专业教育"绿"的素养渗入思想政治教育,积极打造思政"金课"及课程思政示范课,实现思政课程和课程思政同向而行,协同助力学生爱农情怀的培养。

(二) 坚定学生强农理想

用好思政课平台,坚定学生强农理想。学校依托校内 VR 实训中心、农博园、茶博园、农耕文化馆、"农林书场"等实践平台,把思政课的爱国主义演讲、诚信小品演绎等活动与专业课程素养训练结合,思政课教师、专业课教师和学生共同编制"三农"小品和校园情景剧,将第一课堂教学内容推向第二课堂,形成"三农"人物访谈、乡村情景剧等品牌实践活动,让学生在理论结合实践的过程中了解"三农"故事、感悟"三农"精神;将课堂移到田间地头,把理论教学和实践教学延伸至农业产业一线和农村基层,变一线课堂为志愿服务现场;与茅山新四军纪念馆、赵亚夫事迹馆、唐陵村及果牧不忘农场等校友创业基地等合作,构建"基地化建设、项目化管理、课程化推进"的实践活动,带领学生做乡村调研、开展"我眼中的家乡"等品牌实践活动,让思政课程和专业课程一体推进,在行走的思政课中坚定学生强农理想。

(三) 培养学生兴农担当

学校以"红"和"绿"为抓手,注重红色文化浸润、红色精神弘扬、红色基因传承和红色实践开展,同时结合农业职业院校"绿"的行业特点,注重"农"的本色,做到契合专业实际、厚植"三农"情怀、服务乡村振兴;加大唱响"红"的旋律,做好"绿"的文章,深入挖掘属地红色文化资源和美丽乡村建设典型；用好用活丰富的属地和周边红色文化资源，讲好"三农"一线的人物故事，进一步创新"三农"教育形式，引导学生在继承革命传统、传承红色基因、弘扬革命精神的过程中主动肩负起兴农使命和责任担当。

四、聚焦"现实发展"

（一）江苏农林职业技术学院思政课改革发展现状

江苏农林职业技术学院马克思主义学院依托教育部"基于'红''绿'融合的思政课教学改革与实践"项目及江苏省教育厅"农业职业院校思政课'红''绿'融合式教学改革与创新"项目，积极探索农业职业院校"红""绿"融合式的教学改革，修订课程标准，优化授课计划，编写《农业职业院校"红绿"融合教学案例》教材，进一步提升思政课育人效果及教学改革的时效性。

开齐开足思政课程。在上好"习近平新时代中国特色社会主义思想概论""思想道德与法治""毛泽东思想和中国特色社会主义理论体系概论""形势与政策"4门思政必修课基础上，开设选择性必修课"中国共产党简史""中国传统文化""大国'三农'"，不断提高大学生的思想政治素养，夯实大学生的综合素质基础，以立德树人为根本任务，培养有理想、有本领、有担当的时代"新农人"。

丰富线上线下教学资源。建好"思想道德与法治""毛泽东思想和中国特色社会主义理论体系概论"两门江苏省职业教育首批在线精品课程。打造拥有自主知识产权的"韦岗战斗"VR系统、"新四军铁军精神"VR系统，进一步丰富教学资料，辅助思政课教学，编写"红""绿"融合式教学案例并创建案例库。和茅山新四军纪念馆、新四军韦岗抗战纪念馆、句容市茅山风景区管委会李塔村、句容市天王镇戴庄村、苏州市常熟市沙家浜风景区等思政课实践教学基地签订合作协议，为实践教学高质量开展奠定了良好基础。

开展形式多样的系列思政实践教学活动，包括"话七秩沧桑巨变，访百家美丽乡村"社会调研活动、"诵读红色家书，凝聚红色力量"红色家书诵读比赛、"重走百年之路 再启新的征程"定向越野活动、"弘扬红色文化，讲好红色故事"红色故事会大赛、"党在我心中"手抄报比赛、红色经典影视配音大赛等，真正践行了"在危机中育先机，于变局中开新局"的理念，增强了学生思政课的获得感，提升了学生思政课的参与度，实现了思政课教学的与时俱进，着力推进了思政课的改革创新。

(二) 江苏农林职业技术学院思政课改革问题分析

思政课改革过程中，教师是关键，但现阶段存在思政课教学创新团队建设有待推进的问题。思政课教师教学创新团队建设进度缓慢，与省内、国内同行相比，水平仍旧不高，步伐仍旧比较慢。这与近几年引进多位新教师、工作经验普遍不足、行动上协同不力有关。

1. 整体科研水平有待提高

一是缺乏标志性科研成果。课题申报立项的层次不高，发表核心期刊文章数量不足，学术论文的质量和档次有待提高。不少教师仍旧没有科研的意识、信心、决心和能力，更缺少科研的产出。二是学术研究方向分散，科研团队有待建强。马克思主义学院青年教师较多，研究的个性化倾向比较突出。高水平的学术研究成果少，学术研究散点式作为比较多，科研团队合力没有形成。

2. 外部竞争激烈，特色有待强化

省内外马克思主义学院在基础设施、内涵文化、线上资源等建设上都存在激烈的竞争。近几年，农业职业院校思政课改革步伐加快，但是学校仍然存在省内外推广优势不明显、需要进一步强化品牌建设效应等问题。

3. 内部发展不足，结构有待调整

一是师资队伍质量有待进一步提升，博士研究生学历教师缺口较大，缺乏高水平领军人才，师资团队建设水平相对不高。二是学术影响力不够大，没有形成在业内有较大影响力的成果。三是课程建设基础较弱，水平不高。

(三) 农业职业院校思政课改革应然取向

1. 顺应时代发展大势

党的十八大以来，党中央加大了对思政课和思想政治教育的重视力度。习近平总书记在思政课和思想政治教育领域提出了许多高瞻远瞩的思想、观点、论断，为新时代思政课教学和思想政治教育工作指明了前进方向。思政课教师应顺应时代发展大势，认真检视自身的不足和差距，领会精神、落实文件，积极结合学校实际，利用自身资源、区位特色，有步骤、持续性地进行研究、探索、实践，力争让思政课在传递理想信念、价值理念、道德观念的同时，深化学生"一懂两爱"的情怀。

2. 回应各类现实问题

长期以来，专业课程与思政课程同向同行实效不足，具体表现为：一是课程资源融合度不高。专业课程与思政课程资源建设各成体系，知识教育和价值观教育相分离。二是教学方法针对性不强。学生参与度不高，影响农业职业院校育人目标的实现。三是教师团队协同性不足。专业教师与思政课教师在教学方面各自为战，未形成育人合力。为了让教学理念符合时代潮流、教学方法契合改革需要、教学内容符合学生诉求、教学资源支撑育人目标、保障体系确保运行稳健，江苏农林职业技术学院着眼于"红"与"绿"开展持续性、系统性的改革，强化思政课与专业课同向同行的实效性。

3. 打造"农职"思政特色

由于多种原因的限制，农业职业院校思政课往往按部就班地开展常规教学，教学效果不能令人满意。为了让思政课和思想政治教育有自己的特色，江苏农林职业技术学院通过开展一次次探讨，进行一次次尝试，最终决定将农业职业院校"绿"的特点和思政课的"红"相结合，推进思政课守正创新。自此，方向明确了，火力集中了，教育教学改革也就随之有了突破。

第二章

农业职业院校思政课改革的要求及其特点

思政课作为立德树人的关键课程，发挥着重要的育人功能。为进一步发挥思政课"为党育人，为国育才"的功能和作用，在新形势下针对新情况、新问题需要做出相应的改革创新。要打造一支数量充足、结构优化、能力突出的思政课教师队伍，要结合农业职业院校设计一套内容丰富、形式多样、与实践结合的思政课教学计划，要结合农业职业院校特点推动开展一系列思想政治理论相关研究，要结合农业职业院校特色提升相应的校地、校企、校际等服务水平，要结合农业职业院校丰富"红""绿"资源、数字资源、校本资源及校地资源等，要结合农业职业院校特色、专业特色、"红""绿"特色等实现授课内容、授课方式与授课对象相适宜，提升精准教学水平。

一、师资是关键

2019 年 3 月 18 日，习近平总书记在北京主持召开学校思想政治理论课教师座谈会并发表重要讲话。座谈会一开始，总书记就旗帜鲜明、言简意赅地提出办好思想政治理论课的必要性和重要性的问题，提出思想政治理论课是新时代落实立德树人根本任务的关键课程，并谈到办好思想政治理论课关键在教师。

教师作为学生成长成才的引导者，在推动学生形成正确的世界观、人生观和价值观中起关键作用。上好思政课的必要条件是要有一个好的思政课教师团队，要建立一支数量充足、结构优化、能力突出的思政课教师队伍。

（一）配齐队伍

思政课对师资队伍的要求普遍较高。"在教育部出台的《新时代高等学校思想政治理论课教师队伍建设规定》（以下简称'《规定》'）中就加强高校思政课教师队伍建设提出明确规定，进一步明确了高校思想政治理论课教师的整体地位。"①《规定》强调了学生德智体美劳全面素质教育中的核心作用和先进性，对建设高校思想政治课教师队伍提出了两个具体要求：一是数量足，高校应当根据全日制在校生总数，严格按照师生比不低于1∶350的比例核定专职思政课教师岗位数量；二是质量高，要以打造一支政治要强、情怀要深、思维要新、视野要广、自律要严、人格要正"六项全能"型高校思政课教师队伍为目标。

数量足是打造高质量思想政治教育队伍的基础。在很长一段时间内，高校素质教育对思想政治教育的重视缺失，思想政治教育地位发生偏移，高校思想政治教育队伍人数少且任务重。目前，高校思政课的专职师资队伍已经有了很大的发展，基本能够满足学校的课堂教学需求。只有教师队伍必备的人数得到了满足，思政课教师的教学任务才不至于大大超过正常教学量，思政课教师也才能避免被繁重的课务占用太多的时间而无法保障其他方面的发展和进步。想要保证思想政治教育的优质性、持久性和先进性，稳定的师生比是首要条件。

质量高是建设高质量思想政治教育队伍的必要条件，必须建立高质量的思政课师资力量体系。应从社会各个方面选拔出一批符合要求的政治强、情怀深、思维新、视野广、自律严、人格正的"六项全能"型人才，同时组建一支面向社会的兼职教师队伍，专兼配合、相互协作、育人合力，从而全面满足"大思政课"课程丰富性、实践性、广泛性等特点。"在建设队伍时，要严格把关、全方位审查，建立完善的筛选机制，要避免将滥竽充数的人选纳入教师队伍，同时要打破唯学历、唯资历的旧观念，把真正能当好青年学生的思想政治教育领路人的先进模范人物吸收到思政课教师队伍中，惟贤惟德、能服于人，让他们充分发挥自己在思政教育中的专长，提升'大思政课'的师资力量。"②

配齐队伍的必要性主要体现在三个"大"方面：作为思想政治教育主

---

① 陈悦. 办好高校思政课要在"三个着力"上下功夫 [J]. 学校党建与思想教育，2020（16）：39-41.
② 赵春玲，逄锦聚."大思政课"：新时代思政课改革创新的重要方向和着力点 [J]. 思想理论教育导刊，2021（8）：97-102.

体的学生有"大"获得感；作为思想政治教育核心的教师有"大"满足感；思想政治教育本体有"大"成果。在学生层面，人数充足、质量优秀的思政课教师队伍，能够有效保证优质思想政治教育的稳定输出。教师充足，学生与教师的直接沟通更充分，教师能够有效进行课堂沟通与反馈。优质教师能够保证课堂教育内容的优质，不仅仅能够持久地"讲"，更经得住"问"。一个优秀的思想政治教育工作者，不仅仅要做学生思想先进的指路人，更要做学生思想进步的导师。在教师层面，人数充足的教师队伍意味着来自学生数量的压力会大大减小，思政课教师将更有激情打造精品课程，更有心力培养学生，更有耐心解答学生疑惑。优秀的教育同行者，更有利于实现课程打造的丰富性和高质量。在思政教育层面，数量与质量的双向加持能够使学生和教师间形成良好的思政教育正向闭环。高校思政队伍建设在学生、教师、思政教育三方面的正向提升体现了配齐队伍这一环节的必要性、科学性和正确性。

（二）优化结构

高校思想政治理论课的教学不能仅仅依靠少量的领军人物和教学名师，"一枝独秀"的思想政治教育很难使思想政治理论课的教学质量与水平得到全面提高[①]。高校思政课师资队伍的建设与完善，直接关系到高校思政课师资队伍的全面、持续发展。

优化结构主要从年龄、职称、学历三个方面综合考虑。年龄结构的优化是最基础的一环。青年教师的活力、激情是思想政治教育创新发展的活水源头。高龄教师的教学经验是难能宝贵的，这保证了思政课教师队伍的正确教学方向。普通教师的课堂风格更易于学生接受，是把守学生思想政治教育的第一关。高级职称教师对思政课教学的研究更加深入，对思想政治教育内容的学理性更能驾驭。学历结构直接决定学生接受思想政治教育的效果。一般教师在思想政治教育教学观念上整体性强，更易于帮助学生

[①] 冯秀军. 新时代高校思政课教师队伍建设难点及其突破 [J]. 国家教育行政学院学报，2021（1）：17-22.

树立初步的思政观念；高学历人才对思想政治教育的研究更加深入，更能细化知识点，丰富学生的思政观念。

优化结构的三个切入点对建设高校思想政治教师队伍起保障作用：年龄结构保障思想政治教育整体水平的可持续性；职称结构保障学生接受思想政治教育深度的全面覆盖；学历结构保障学生思政观念建设的健全。

优化结构的途径主要有"老带新"、上下衔接、全面融合三个方向。"老带新"机制，更有利于青年讲师的经验继承、高龄教师的观念转变，以及对教育成果的衔续传承。在职称结构方面，各级职称的思政课教师紧密衔接，能够最大限度地将思政课教育成果在学生中展现。学历结构的全面融合，有利于马克思主义理论专业本硕博一体化人才的培养，是帮助学生树立思想政治观、丰富思想政治教育理解的最优方案。

思政课是一门具有挑战性和重要意义的课程，思政课教学是一项光荣而神圣的工作。必须要全面优化思政课教师在各个层面的结构分布，准确把握新时代思政课师资队伍建设的正确方向和目标，牢牢把握培养核心素养这个关键，各个层级紧密配合，实现思政课教师队伍的有序代际传承和可持续发展。要坚持正确的教学评估取向，培养良好的学风和教风，促进中青年教师的健康成长和持续发展。

（三）提升水平

加强师资队伍建设，把思想政治教育搞好，教师教学水平的持续提升是重中之重。思想政治教育的先进性要持续保持，全体思政课教师就要持续不断提升教学水平，不断探索和改良教育教学方法，切实保障教学水平的先进性。

教师教学水平提升有两个受益主体：学生和教师。学生方面，教师教学水平的不断提升，意味着教学内容的不断升级，教学方法的不断更新，学生思想政治教育效果的不断提升，学生的思想政治理念会更加深刻和完整，获得感会更加充足。对于教师而言，不断提升教学水平，不仅仅对于年轻教师职称晋升有直接促进作用，更能极大地激励教师产出更优更新的教学成果，不论是个人发展还是整体的思想政治教育，都会有有效的正向发展。

　　提升教学水平是保障思政课堂优质教学的有效手段，如何提升思想政治教育教学水平是需要全体思想政治教育工作者共同思考和参与的。提升教学水平的终极目的是提升教学质量。所以，除了思政课教师本身的积极主动外，还需要平台的支持，要强化师资培训，完善师资培养和培训机制，建设高校思政课教师研修基地，积极开展社会实践，开展社会调查，让教师到基层挂职锻炼并为其提供必要的保障。深化高校思政课师资队伍建设专项扶持计划，要进一步深化改革，建立适合"大思政课"建设的制度体系。各级领导机构要制定支持办好"大思政课"的具体措施，同时要通过建立激励和促进高校思想政治教育工作的机制，使思政课教师更有行动力。在平台赋能外，教师之间的教学交流对教学水平的促进更有直观效益。通过开展学科竞赛、举办教学大比武等形式，可加强思政课教师的交流，展示教学经验和成果，以赛促培、由培促研，培研一体。

二、教学是重点

　　课堂教学是培养学生的主要途径；课程是实现教育目的的主要载体，是国家意志的直接体现。高校思政课作为一门具有独特功能的课程，有着举足轻重的地位。它是对大学生进行马克思主义教育、贯彻党的教育方针、落实立德树人根本任务、坚持社会主义办学方向、促进和实现高等教育内涵发展的灵魂课程。

（一）打磨内容

　　面对中国特色社会主义进入新时代、我国开启全面建设社会主义现代化国家新征程对人才的需求，面对我国"建设高质量教育体系"和建成文化强国、教育强国、人才强国的战略任务，思想政治理论课本的内容还不能完全适应需要，还需要进一步打磨。面对时效性高度对称的网络信息，围绕书本内容授课已远远满足不了学生对思想政治教育的需要。只有立足实际不断精细打磨内容，才能使思想政治教育完美契合新时代学生对理论与实践一体化的具象需求。

现实的社会生活作为思政课的源泉，通过社会实践这个大平台不断地给思政课的改革和创新注入活力，赋予思政课以生动有力的实践支撑，使抽象理论回归现实世界，使思政课呈现的不仅仅是书本上的理论，更是能够直抵人心、激活希望、培根铸魂、点燃激情的鲜活思维。要通过实践和鲜活的事例拉近学生思想与现实之间的距离，让学生近距离感受先进思想的热忱与文化底蕴流淌的滚烫，要宣讲当代模范人物事迹，将课本中的思想政治内容通过可见的人物具象展现，加深学生的理解，让学生感受时代精神。要探寻当地文化底蕴，充分挖掘当地红色素材，将红色思想从鲜活的历史中映射而出，让学生"身临其境"地感受先辈精神的召唤，让书本中的内容活起来。

江苏农林职业技术学院坐落于江苏省句容市，这里有把论文写在大地上的"时代楷模"赵亚夫，有感受模范精神深耕"三农"的优秀校友华梦丽，学校因时制宜，将身边的模范人物与课本中的思想政治教育内容紧密联系起来，让学生感受当代精神的共鸣。句容茅山曾是苏南抗日根据地的中心，这里有投笔从戎、绝食殉国的巫恒通烈士，有"特别党员"许维新……学校因地制宜，让学生在贴近历史的过程中感受课本中先辈的革命精神。学校使思政课教学更接地气、扬正气、聚人气，增强了思政课的实践感和学生对思政课教学的认同感，将理论与现实相结合，讲好时代故事、中国故事，教育引导学生把自己的理想和现实结合起来，把学习奋斗的具体目标同民族复兴的伟大目标结合起来，立鸿鹄志，做奋斗者。

（二）设计形式

创新是事物发展的动力，是思政课教学的灵魂。没有创新，就会减弱思政课的功能，削弱思政课的生机，降低思政课的成效。只有坚持创新，设计新的形式，让学生更近距离地去感受、主动去感受，思政课才能更好地展现活力，发挥其塑造大学生灵魂的关键作用①。

课前课后相配合。课堂教学始终是有限的，学校通过文艺、文体活动和辩论等方式让学生主动学习；通过红色诗词的分享，让学生感受苦难岁月中革命先辈的坚强意志；通过舞台剧、手抄报等具象形式让学生感受先辈们的英伟事迹；挖掘当地红色资源，让学生在文娱生活中受到文化熏陶。

线上线下相融合。远程联系拉近距离，学校线上连线知名律师现场普法，学生观看法庭现场，感受法律威严神圣；思政课程与红色圣地相结合，让学生远程游览，充分利用现代信息技术、新媒体技术，让思政课活起来。"春风化雨""润物无声"，把思想政治理论课的历史逻辑、实践逻辑、理论逻辑等理论和哲学原理融会贯通，让思想政治理论课真正进入学生的眼睛、耳朵、脑子里。打造"互联网+"思想政治理论课，构建基于互联网的"第二课堂"，利用网络授课具有精准化、可视化、动态化、时效性的优点②。学校录制思政精品课程公开课，以视频讲解的形式为学生提供直观的课程学习内容；建立信息集中库，将文本、视频、图片、音频等各类学习资源按类型进行分类，并不断更新信息及时补充资源，学生可以随时学习最优质的教学内容；利用现代 VR 技术打造虚拟课堂，还原重大历史场景、历史故事，让学生通过现代科技"穿越"历史，与先辈同行。学校利用虚拟仿真技术还原"韦岗战斗"主要片段，学生们戴上眼镜、拿起手柄就可以和新四军战士们一起"经历"战火的洗礼，历史情节的再现更能让学生感受先辈的不易和斗争的艰苦卓绝。

（三）丰富实践

在思政课教学中，要聚焦实践、讲述实践，不断地从社会实践中汲取经验，不断地进行理论创新，用科学的理论来引导和发展实践。要让学生全面了解思想之光、实践之果，增强学生用科学理论分析问题、解决问题

---

① 王一哲，王玉萍. 馆课结合：思政课理论教学与实践教学相融合之新路径——河南工学院思政课教学改革实例 [J]. 河南工学院学报，2022，30（1）：77-80.

② 饶品良. 习近平新时代中国特色社会主义思想在高校思想政治理论课的立体化教学 [J]. 文教资料，2021（20）：101-103.

的能力；要让学生将思想与理论相结合，以行为践行理论，用理论验证实践，从实践中反省自我；要让学生身体力行感受思想政治教育，将感悟铭刻进内心。

实践行为是对思想政治教育思想理论学习的检验，要真正用心学习、用力践行书本上的内容。要积极动员学生群体主动践行精神学习，避免"蜡头红缨枪"。要强调学生的社会责任感和使命感，使其将所学回馈社会；组织引导高校学子走出校门，深入基层到工农群众中去，参加社会调查、生产劳动、实地访谈、志愿服务、公益活动、实地参观等社会实践活动，积极开展大学生"三下乡"等一系列社会实践活动①。要传承红色基因、发扬红色精神，让学生增长学识，收获锻炼成果，打造"实践+思政"移动育人大课堂。要将课堂上抽象的理论和鲜活的实践相结合，不断丰富社会实践的内容和形式，提高社会实践的质量和效果，使学生在社会实践活动中受教育、长才干、做贡献。让学生参观红色教育基地，聆听、感受革命先辈的奋斗事迹，进行沉浸式体验学习，使红色基因在红色宣讲活动和实地调研、服务中得到传承；让学生利用自身过硬的本领和专业素养投身全面乡村振兴，积极推广专业知识，助推乡村治理现代化和乡村产业发展，为强国建设贡献自己的力量，要让学生认识到这是一件十分光荣并且充满意义的事情。学生应结合自己的专业知识，在接下来的实践工作中不断汲取营养，强化自身能力建设。

要持续深化大学生社会实践活动，借助更多渠道向大学生宣传相关活动，激发大学生建设家乡、投身实际工作的热情，为乡村振兴的繁荣发展注入源源不断的新鲜血液和青春力量。

三、科研是基础

思政课教师要想上好课，还必须做好科研。职业院校的科研要求相比

---

① 董佳.讲深讲透讲活：提升新时代高校思政课教师教学能力［J］.教学与研究，2022（5）：24-29.

本科院校而言要低一些，这使得部分教师容易产生一种错误的认知，认为在职业院校不需要做科研，用心做好教学即可。实际上，教学和科研是相互促进的，要以科研促教学，而教学中遇到的难题也可以为科研提供方向，使教学和科研相得益彰。更何况，当前职业院校的功能和定位也不同于以往，职教本科与素质教育双轨发展使得职业院校的发展大有可为。在这种新形势下，职业院校的思政课教师一定要转变思路，用心钻研，以科研为基础，通过科研优化教学内容、增强自身发展潜力，促进教师团队整体水平提升。

（一）以研究优化教学内容

思政课的教学内容异常丰富，涉及党史、新中国史、改革开放史和社会主义发展史为主题的"四史"，又涉及马克思主义、毛泽东思想、中国特色社会主义理论体系、习近平新时代中国特色社会主义思想等理论内容，同时还包含政治、经济、文化、民生、生态、国际关系、国家安全、治党治国治军、外交等不同领域的知识内容。除此之外，思政课还是一门时政性特别强的课程，教师对于习近平总书记的重要讲话、两会精神及国内国际时政热点等都需要及时了解和把握。想要驾驭这么多不同方面的内容并在课堂中讲深讲活，不开展相应的研究是不现实的。

同时，思政课如果仅仅停留在教学内容的研究上是远远不够的。思政课与专业课和兴趣类课程有所不同，长期以来被许多学生误解。对学生而言，思政课作为一门公共考察课，既不像专业课那般有实实在在的技能要点，也没有音乐、体育等兴趣类课程那样丰富多彩、有趣活泼。所以，思政课教师除备好课之外，还需要开展相应的教学基础研究，对教学对象、教学方法、教学策略、教学主客体、教学媒介、教学设计等方面加强相应的研究，只有这样才能够把已经备好的内容通过正确的方式方法呈现出来。

明确了研究对于教学的重要作用后，思政课教师还要弄清楚开展什么样的研究，以及怎样开展研究。

结合教学内容，思政课教师首先要开展马克思主义理论的研究。思政课教师要牢牢把握意识形态的主阵地，一定要将马克思主义的基本原理及马克思主义中国化的一系列理论成果研究透彻，确保在思政课堂上牢牢把握马克思主义意识形态的主战场，引导学生树立马克思主义和共产主义的信仰信念，学会用马克思主义的立场、观点、方法看待问题、分析问题和解决问题。其次，思政课教师开展思政课中所涉及的知识内容的研究，掌握教材中的知识点是基本底线，不仅要明确知识内容是什么，还需要讲清楚为什么。例如讲经济层面的内容，思政课教师不仅仅要了解当前我们正在进行供给侧结构性改革，更要研究清楚我们为什么要进行供给侧结构性改革；不仅要知道我们在贯彻新发展理念、构建新发展格局，还要立足新发展阶段从经济学的理论层面去讲清楚讲明白为什么要创新发展方式、改变发展格局。这就要求思政课教师要开展与思政课内容相关的外延性的理论研究，只有这样才能在讲课的过程中旁征博引、得心应手。

结合教学形式，思政课教师要对教育学的一些基本理论开展相应的学习研究，要弄清楚教学规律、学生的认知规律、教学理念的创新、教学策略的应用、教学模式的选择、教学活动的开展等教学层面技术性的能力。思政课教师要根据不同的教学对象、专业背景、授课内容，将学术界已取得的成熟的研究成果应用到教学中，并结合自身实际情况进行科研层面的思考，通过研究进行理论的创新。

同时，农业类职业院校思政课教师不仅要掌握具有普遍性意义的职业院校的教学内容和教学方法，也应该熟知农业类职业院校这一更具特殊性意义的院校该如何开展思政课教学和科研，并在此基础上，结合学校特色和"红""绿"特点，深耕教学内容和教学形式，开展特定的研究，实现守正创新。

思政课教师该如何开展研究呢？在找到研究视角或者研究兴趣、研究方向后，思政课教师一方面可以通过中国知网或国家哲学社会科学文献中心等平台查阅资料进行信息收集；另一方面可以通过听取专家讲座、参加研修培训和学术会议等方式打开研究视野，掌握研究方法，提升研究能力。

（二）以研究助力教师发展

思政课教师要想达到习近平总书记所说的"六要"中的思维要新、视野要广、自律要严，就需要通过研究来提升自身的综合能力。只有开展教学内容和教学形式等相应领域的研究，才能及时掌握思政领域的最新动态和最新进展，才能达到思维新、视野广。思政课教师最需要保持理论研究的自律，因为科研不同于教学。教师的主责是传道授业解惑，教学是有教学工作量要求的，是排在课表中必须去做的事情，哪怕严寒酷暑，哪怕起早贪黑，哪怕风雨交加都必须去完成这项任务，这是教师的职责所在。而科研不同，高职院校教师科研动力不足的问题比较突出，大多数高职院校存在"开展研究难、论文发表难、课题申报难、成果转化难"这四大科研难题。究其根本，还是高职院校教师在定位与认识上存在偏差，认为自己上好课就够了，对职称评定的积极性不高，所以职业惰性比较突出。

总体而言，思政课教师承担了全校学生的思政课程教学工作，相较于专业课教师，这类公共基础课教师的课务量较多。在课前备课、课中授课和课后交流互动中，思政课教师都需要花费大量的时间和精力，上完课后心力交瘁，想要再进行科研深感力不从心，长此以往便容易滋生惰性，且会不断量变，对科研越来越懒惰从而导致恶性循环，较长时间的研究中断使得研究变得生疏，且科研能力急剧下降，一时心血来潮想要申报课题、撰写论文时却发现已无从下手、难以起笔。课题申报失败、论文投稿被拒反过来又会打击教师科研的积极性和自信心，使教师自身的发展受到限制。

所以，思政课教师，尤其是职业院校的思政课教师不能只满足于做一个教书匠，做一个上课的"机器"，不能仅局限于教学单一维度的发展，应该教学和科研齐头并进，"两条腿走路"，只有这样才能走得更高、更远。况且，当前职称评定与科研成果是息息相关的，虽然目前职称评定中强调要破"五唯"——唯论文、唯帽子、唯职称、唯学历、唯奖项，但是破"五唯"指的是破除只看5个方面的机械的、单一的职称评定方法，并不是指职称评定中不需要论文和科研成果。一定程度上来说，当前职称评定中对科研还是有一定任务要求的。而且，个别院校为提升整体实力还会对科研任务有严格要求，对科研成果不断加码。所以，作为思政课教师，一定要自律，在工作之余要抽出时间静下心来开展理论研究，要保持视野新、格局广。

（三）以研究增强团队合力

科研和教学不是"两张皮"。一支好的思政课教师队伍，必然离不开雄厚的科研积累，思政课教师队伍整体水平的提升也依赖于团队整体的科研实力。思政课教师队伍作为一个团队，其成员一荣俱荣。在教师团队中，如果每位教师都能用心钻研开展理论研究，就会形成一种热衷科研的良好氛围，对教师团队而言能起到很好的激励作用，从而形成一个坚强有力的科研团队。

首先，在团队整体中，科研骨干的带动作用是异常明显的：一方面，表现为团队中科研骨干可以对科研基础薄弱的青年教师进行学术指导，推动科研队伍梯度建设，促进"老带新"的良性发展；另一方面，相较于中青年教师和职称等级较低的教师而言，具有博士学位等的高学历教师及副高、正高等高级职称教师获得较高水平的课题立项和论文发表的成功率会更高。在高水平课题研究中，年轻教师可以先作为课题组成员积累科研经验，锻炼科研实践能力，逐步积累，从而有序提升科研能力。这将大大增强年轻教师在以后申报课题和撰写论文时独立解决问题的能力，从而促进年轻教师整体研究水平的提升。

其次，作为一个团队，如果整体科研实力雄厚，就能够在同类院校中获取更多的资源，这也将反过来促进团队自身更好的发展。思政课教师应从团队整体利益出发，结合自身兴趣、特长开展相应的理论研究，丰富科研成果，为推动团队整体获得更多资源、站上更高平台而努力，而这些努力最后都将更好地促进个人的发展，如此形成个人和团队相互促进、共同进步、协同发展。

四、服务是拓展

（一）以校地合作为抓手

2022年2月，《中共中央 国务院关于做好2022年全面推进乡村振兴重点工作的意见》发布，文件指出，要扎实推进乡村发展，服务乡村建设，推动乡村振兴取得新的进展。涉农职业类院校，在推动乡村振兴进程中应该扛起大旗；在推进农村产业融合发展过程中，要充分利用职业院校地域性这一特征，意识到立足和服务所在区域是其最为重要的价值取向。高职院校兼具教学、科研、社会服务三大职能，其中，社会服务是高职院校的重要社会功能，职业院校与服务地方发展之间是相辅相成的。涉农高职院校所在地区为学校发展、学生实践提供地区资源，相应地，涉农职业院校更应该将科研成果转化为社会需求，服务地方和当地人民的需求。只有这样，二者之间才能形成良性互动。

因此，农业职业院校的思政课改革，在教学实施过程和社会实践活动改革的各环节中，更应该充分挖掘当地自然和文化资源，从中提取红色文化资源和具有精神导向的行为典范，将这些文化资源转移到思政课教学过程中，让地方文化资源服务课堂。学校挖掘当地自然和文化资源的过程同时也是对当地文化资源的二次开发——通过打造高校教学实践基地的模式促进地方文化资源的开发与保护，在这一过程中学校可以建设展馆、搭建红色教育实景基地、共建红色教育宣讲团等。江苏农林职业技术学院充分利用句容当地文化资源，打造了一批具有地方红色资源的场所与平台。

江苏农林职业技术学院马克思主义学院秉持服务地方的理念，积极同当地红色文化场所联合搭建教育宣讲平台，将思政课搬到纪念馆中、战斗遗址中，让学生身临其境地感受革命先辈的丰功伟绩，更加直观地感受思政课中教授的内容。这样便改变了传统的"灌输式"教学模式，思政课改革更加注重理论与实践相结合。学校马克思主义学院同地方负责人员就红色资源开发、宣讲人才培养、党日活动基地构建等方面进行合作。如同李塔村、下甸村合作共建，以美丽乡村为实践场所，进一步加强同地方的党建交流合作。

高职院校的发展是与当地经济社会发展紧密结合在一起的。高职院校要将社会服务功能与人才培养、科研、文化传承功能结合起来，创新服务机制，拓宽服务路径，为地方经济和社会发展做出应有的贡献，这是高职院校的重要职责所在。

（二）以理论宣讲为依托

毛泽东同志在延安文艺座谈会中提到："在我们为中国人民解放的斗争中，有各种的战线，就中也可以说有文武两个战线，这就是文化战线和军事战线。"[①] 我们要战胜敌人不能仅依靠手里拿枪的军队，还要有文化军队，这是团结自己、战胜敌人必不可少的。党的十八大以来，面对国内外日趋复杂的形势与环境，习近平总书记着重强调了关于理论宣讲方面的工作内容。党的二十大召开之后，农业职业院校的思政课教师积极响应，夯实宣讲阵地，以课堂教学为依托，将党的二十大精神融入教学过程中；扎根乡村大地，站稳共产党员的政治立场，立足思政课三尺讲台；以理论宣讲为依托，筑牢农业职业院校学子的思想堤坝。思政课改革的落脚点应充分考虑校内外受众。学生方面，在立足课堂的基础上，应加强构建与二级学院课程思政平台的联系。为了使各二级学院课程思政建设得到保障，解决二级学院的后顾之忧，应加强马克思主义学院同各二级学院的交流与学习。为此，学校成立"五育"并举工作组，围绕德、智、体、美、劳开展育人工作。马克思主义学院协助学校各二级学院开展"德育铸魂"，用党的二十大精神铸魂育人，组织思政课教师在各二级学院开展多场理论宣讲，不断提高二级学院专业课教师的政治站位，推动思政元素进专业课堂，让学生在专业技术实践过程中潜移默化地感受党的精神号召。在思政课改革过程中，应充分考虑课程思政的实施效果，以及第二课堂的拓展情况，以此作

---

① 毛泽东. 毛泽东选集：第3卷 [M]. 北京：人民出版社，1999：847-879.

为思政课改革的校内课程的平台参照。

江苏农林职业技术学院作为全国职业院校的先行者，作为农业职业类高校的排头兵，在思政课改革过程中应勇于探索、不断前行。农业职业院校理论宣讲应突出院校特色，打造校内校外特色宣讲平台；应根据校内外面向的宣讲对象，确定宣讲主题，围绕乡村振兴、特色乡村、示范田园、绿色发展等具有农业特色的话题开展富有农林特色的宣讲。学校马克思主义学院在党的二十大召开之后，开展了形式多样的宣讲，打破以往传统的宣讲方式的束缚，制作了学习历届党的代表大会精神的主题展板，通过"支部书记上党课"的方式，面向各二级学院党组织党员教师进行宣讲，打造了一批专业强、信仰实的专业教学团队。在宣讲过程中，为了让思政课更好地进教材进头脑进课堂，改革的一切目标都应紧紧围绕立德树人这一根本任务。思政课教师通过开展教学实践活动，将宣讲的课堂搬到田间地头，搬到党史展馆，在丰富学生"第二课堂"的同时，进行理论实践宣讲，寓情境教学于理论宣讲之中。建党百年来，党的理论宣传工作一直发挥着至关重要的作用。进入新时代，思政课改革应立足于学校并将学生的课堂反映作为一手反馈，要讲学生听得懂、听得清、听得明的内容。要充分利用好理论宣讲的阵地，用听得懂、讲得明的宣传方式使马克思主义中国化的理论成果在学生的心中生根发芽。农业职业院校的思政课教师应根据学生的学情和个人未来的职业发展，在理论宣讲中面向"三农"，以农业农村发展为导向，真正做到学生在走向企业、走向工厂、走向农村的过程中，心中有着坚定的政治理想和信念引导。只有这样才能真正培养学生成为"中国梦"的筑梦者，才能让更多青年学子形成引领新时代社会风气的强大力量。

（三）以大中小学为外延

"要把统筹推进大中小学思政课一体化建设作为一项重要工程，坚持问题导向和目标导向相结合，坚持守正和创新相统一，推动思政课建设内涵式发展。"① 这是习近平总书记在学校思想政治理论课教师座谈会上的讲话。青年学子作为国家的希望、民族的未来，他们成长成才的每一步都应被精心呵护。青年学子的培养不是一蹴而就的，而是一个渐进的过程，因此大中小学思政课一体化建设尤为重要。思政课教学改革应该充分吸收与借鉴其他教学阶段的教学内容。面对同一问题、针对同一章节，在不同教学阶段如何讲出不同的特点，是每一位思政课教师需要考虑的问题。在小学阶段，学生对于世界处于摸索与探寻时期，这一阶段的教学应以启蒙为主，形成与塑造学生对于世界观、人生观、价值观的基本思考模式。在中学阶段，面对沉重的课业压力，如何在重难点之间穿插以必要的历史观是思政课教师应该思考的。大学是立德树人的关键阶段，也是学生成年后独立面对社会的第一步，如何在走向社会、面向未来的第一步让学生走稳、走对，是每一位思政课教师需要思考的问题。这就要求每一位教师在了解以往学情教材的基础上，针对同一问题挖掘更具深度、更具价值的历史题材与现实案例，以历史为出发点，最终落脚到现实问题中去引导学生。农业职业院校思政课教学改革，应站在服务乡村振兴的行进路上，同大中小学思政教育一体化建设相结合；应立足农业农村特色，服务"三农"，将绿色精神同思政课教学改革相结合，真正将"红""绿"融合落实到教学过程中的每一步。

　　高校作为大中小学思政教育一体化建设的重要主体之一，具有突出的人力资源优势、物质资源优势和社会资源优势，应当在大中小学思政教育一体化过程中发挥关键性的引领作用。江苏农林职业技术学院和句容市教育局共同主办了"大中小学思政课一体化法治教学专题研讨会"，并在此次研讨会上举办了一系列丰富多彩的交流活动，包括大中小学"法治内容"示范课展示、同行议课、专家评课、研讨交流等，这些活动从不同角度满足了与会人员的实际需求。

---

① 习近平. 思政课是落实立德树人根本任务的关键课程 [J]. 新长征（党建版），2021（3）：4-13.

五、资源是保障

（一）立足地方资源

在波澜壮阔的中国近现代史上，全国各地涌现出了许多仁人志士和杰出的历史人物，他们始终怀着崇高理想与坚定信念，为挽救民族危亡而苦苦求索、顽强抗争。这些仁人志士和杰出的历史人物，在成长和奋斗过的地方留下了大量历史文化资源，这不仅是时代留下来的永不磨灭的重要历史文化遗产，而且是中华民族认识真实历史、领会时代使命、反击历史虚无主义的重要资源。江苏农林职业技术学院位于镇江市，镇江市拥有丰富的地方红色文化资源，这些地方红色文化资源为思政课教学改革提供了鲜活的教学实践案例。这些红色文化资源具有较强的地方性，在利用其开展思政课教学活动时，应从学生对于当地红色文化的认知和兴趣点出发，结合思想政治理论课教学实际，整合内容，设计教学环节，丰富教学实践形式。在选取地方红色文化切入点的过程中，思政课教师应选择能够充分阐释教学观点并与教材内容相关的元素作为教学素材，从而引导学生理解教材的理论内容，以及地方红色文化的实践。

2019 年 3 月 18 日，习近平总书记在学校思想政治理论课教师座谈会上指出，推动思政课的改革创新，要"因地制宜、因时制宜、因材施教"。历史文化资源是"在一定区域范围内的历史发展过程中创造的独具地方特色的历史文化生产和文化活动中形成的精神产品的总和"[①]，具有较强的价值导向。在高校思政课中融入地方独具特色的历史文化资源，不仅有利于丰富课堂内容，而且有利于引导学生把对自己熟悉的历史文化的积极情感和兴趣转移到教学内容中来，激发他们爱党、爱国、爱社会主义的热情，这是推动新时代高校思政课进一步改革创新的重要尝试。

习近平总书记在学校思想政治理论课教师座谈会上强调，要重视思政

---

① 刘勇. 地方优秀历史文化资源引入高校思想政治理论课的探索与思考 [J]. 学校党建与思想教育，2018（23）：47-48，51.

课的实践性，把思政小课堂同社会大课堂组合起来。地方红色文化资源为办好思政课提供了丰厚素材，其在思想内容和价值导向上都与高校思政课教学高度契合，丰富了思政课的教学内容。以革命精神、革命文化、革命理论为代表的精神形式的红色文化资源，使思政课教育的内容更鲜活①。

（二）深挖校本资源

"校本"是以立足学校发展为本位。校本资源是一个学校物质要素和精神要素的统称。因此，农业职业院校思政课教学改革应统筹校内各种要素，包括有形要素和无形要素。有形要素是指校内展览馆、校史纪念馆、校内文化长廊等实体存在。无形要素是指办学历史、校内文化展览、校内文艺会演、校训校规等代表学校历史精神的标记符号，以及在建校过程中涌现的杰出校友等。深挖校本资源有利于思政课堂的情怀培育教育。2023 年是江苏农林职业技术学院建校百年，百年辉煌铸就百年育人，一百年风雨兼程，农林人扎根句容，扎根田园乡村，深耕农林专业特色学科，在百年发展与变迁中，始终紧跟农业农村发展脉络。恰逢百年校庆，百年发展脉络镌刻在农林人的进取之路上，从中华三育研究社到如今的"双高"职业院校，立足当下的同时，学校整合校史文化、校友资源，深耕校史印记，深挖校本资源。农林文化与精神蕴藏其中，丰富的校史文化为学校发展和师生成长打造了内涵丰厚的精神家园。

在教材基础之上，学校利用校内一切资源要素打造精品"第二课堂"，让学生走出课堂，在学习生活的方方面面感受思政元素，感受思政课堂。思政课教学改革，不仅仅是内容教材体系基础上的改革，更应该立足于让思政课进学生头脑，在学生心里生根发芽找到实践突破口。学校改变以往传统的教学手段和教学模式，将思政课搬到学校的每一个角落，充分利用好校内文化资源，打造"第二课堂"，让思政课不再局限于书本上的知识，而是更加富有趣味性，更加活泼、生动。

---

① 刘勇. 地方优秀历史文化资源引入高校思想政治理论课的探索与思考［J］. 学校党建与思想教育，2018（23）：47-48，51.

针对农业职业院校特色，学校充分利用好校园内的"三农"办学特色：立足思政元素，发挥红色精神，利用"三农"绿色元素，将思政课打造成"红""绿"融合的课堂；充分利用校内一切资源平台，让学生在思政课堂上感受"三农"魅力，感受基于红色基因的"三农"绿色发展；增强学生未来服务乡村、建设乡村、扎根乡村的信念感和归属感；在利用校史平台和分享优秀"三农"校友事迹的过程中，与学生分享交流心得感悟；将乡村情怀、"三农"情结注入思政课教学过程中，在新生教育与日常专业实践过程中都注重加强信念情怀教育，真正让学生在学习过程中做到将红色基因与乡村情怀紧密结合，使学生在耳濡目染中感受乡村、理解乡村。

农业职业院校办学历程与国家农业农村的发展趋势是相符合、相一致的。因此，应注重加强学生对校史中农业农村发展主题的学习与了解，让学生在学习过程中感受老一辈"三农"人扎根农村、心系农村的情怀。

（三）扩充数字资源

随着网络日新月异地快速发展，当下社会进入了"互联网+"新时代。数字资源为高校教育探索打开了崭新的大门。时代在进步，教育方式与模式也要不断创新，紧跟时代发展的步伐。因此，高校的教育教学和思想政治教育工作必须借助网络技术平台开展相应的活动。应该充分利用互联网新技术的网络交流平台，以及涵盖微博、论坛、博客及校友录等多方面应用的网络综合性交流社区拓展数字资源。应打造属于高校自己的数字资源服务平台，即集教育教学、生活服务、文化娱乐及思想政治教育于一体的师生互动平台。

由于新冠疫情的影响，疫情期间，高校利用线上教学开展网络授课，这使得枯燥无味的课堂教育变得更加生动，更加吸引学生学习的兴趣。首先，将课堂教育与网络教育相结合，真正做到"虚拟"与"现实"相结合、"线上"与"线下"相结合，从而使思想政治教育达到更好的效果。其次，在"互联网+"时代下，利用平台整合校内资源可以减轻各部门的业务量，也可以减轻教师的工作量，达到资源的优化配置。最后，开展思想政治教育工作，有利于提升思想政治教育的话语权，传播核心价值，进行话语引导。

教学形态随着互联网的发展发生了很大的改变，"互联网+"教育是建立在互联网技术基础上的以学习者为主体的教育模式，在这其中，学习者和教师之间主要运用互联网媒体建立多种交互手段，从而进行系统的教育和通信联系，体现了教学理念从"以教为主"向"以学为本"的根本转变。中国大学 MOOC（慕课）、智慧职教、超星尔雅等在线开放课程平台层出不穷，在教学资源、教学手段、教学形式、教学评价等方面具有显著优势，从而赋予了教与学更多的可能性，推动了新时代信息数字资源的改革。随着信息技术的变革与发展，"互联网+"教育时代来临，大学生获取信息的途径发生了翻天覆地的变化，新冠疫情的影响也让线上网络学习逐渐成为大学生喜闻乐见的一种新型学习方式。如何利用互联网优势服务进行思政课教学，解决"教什么"和"如何教"两个问题，提升思政课的教学实效，是摆在高校思政课教师面前的时代课题。教学形态的多样化为高校教学提供了更多的教学选择，在立足本地文化资源的同时，学校探索虚拟仿真实训室，采用 VR 虚拟仿真技术，打造红色数字资源，为在校师生提供更为便利的教学服务。

新时代，数字资源为思政课带来了更多的素材和便利。在数字资源支持下，传统思政课堂中融入了"红"与"绿"的信息化教学手段，利用线上红色展馆与 VR 虚拟仿真技术，可以让学生不出校园就能够接受红色文化的熏陶。数字资源与绿色农业结合，智慧农业通过物联网技术运用到传统农业中，这些新形式、新途径都为思政课课堂融入了新思想，有助于创新性思政课的开展。

（四）用好行业资源

党和国家向来高度重视"三农"问题，将"三农"作为国家治理和社会治理的重要领域。全面推进乡村振兴是国家经济社会建设的重中之重，是赢得"两个大局"的关键所在。中国自古以来就是一个农业大国，新中国成立之后，我们相继进行了土地改革、实行了农村家庭联产承包责任制等，这一系列举措的目的都在于推动农业农村的发展。面对当前百年未有之大变局，在中国特色社会主义新时期提出乡村振兴战略具有重大意义。这也是对于"三农"工作的进一步的方向指引。作为江苏省农业农村厅下属的农业职业院校，如何在新时代积极响应国家乡村振兴的战略目标，落实好为国家"培养更多知农爱农新型人才"是江苏农林职业技术学院当前思政课教学改革的重点任务。因此，要立足国家乡村振兴战略，同各二级学院共同建设课程思政平台，将思想政治元素融入专业建设中，真正在教学过程中将"一懂两爱"的元素融入课堂教学，牢固树立课程思政育人意识。

习近平生态文明思想、习近平总书记关于"三农"工作的重要论述如何以全新的姿态进入高校思政课堂，以更加喜闻乐见和贴近生活的形式重返高校思政课堂，是优化当前思政课教学的一个重大难点热点。在思政课教学改革过程中，要以教材为载体，立足时代背景和中央领导重要指示批示精神，将乡村振兴元素积极融入课程教学的全过程。在开展思政课实践教学过程中，要以"三农"为抓手，使涉农院校学生更深入地了解农村、了解农民，通晓农村、读懂农民，将思想政治教育与新时代农业农村发展相结合。应积极引导学生分析当地农村发展现状，了解农村发展困境，引导涉农院校学生在国家全面推进乡村振兴进程中不遗余力地投身到乡村建设中去，肩负时代使命，争做时代新人。"思想政治工作从根本上说是做人的工作，必须围绕学生、关照学生、服务学生，不断提高学生思想水平、政治觉悟、道德品质、文化素养，让学生成为德才兼备、全面发展的人才。"[①] 在习近平乡村振兴新理念下培养的学生群体，其思想观、认识观都会具有独特的"乡村风情"。

《中共中央 国务院关于做好 2023 年全面推进乡村振兴重点工作的意见》（一号文件）中提出要做好全面推进乡村振兴重点工作，在推进全面建

---

① 习近平. 习近平谈治国理政：第二卷 [M]. 北京：外文出版社，2017：377.

设社会主义现代化国家的征程中，最艰巨最繁重的任务仍然在农村。在全面推进乡村振兴、加快农业农村现代化的道路上，农林人应争当排头兵、先锋队，充分利用农林行业特色，助力农业发展。

六、精准是指向

（一）学校特色

2019 年，习近平总书记给全国涉农高校书记校长和专家代表回信，希望涉农高校继续以立德树人为根本，以强农兴农为己任，拿出更多科技成果，培养更多知农爱农新型人才，为推进农业农村现代化、确保国家粮食安全、提高亿万农民生活水平和思想道德素质、促进山水林田湖草系统治理，为打赢脱贫攻坚战、推进乡村全面振兴不断作出新的更大的贡献。作为全国农业职业院校的排头兵，江苏农林职业技术学院广大师生始终坚持将课堂设在乡村、让师生走进乡村、将论文收获在乡间，切实践行学校产学研一体化的办学理念与特色。学校以涉农专业为特色，招收的多为农村地区学生，在专业设置上有"定制村干"等结合江苏本土专业发展和行业需求的项目。同时，学校坚持实践育人，通过课堂、校园、社会实践三方面，从不同角度着手，积极引导学生在参加实践比赛和课程实训的过程中，提高创新精神与创业意识。

学校利用驻地句容市的特点，积极与当地服务团队、企业共同搭建发展合作平台。如校经济与人文学院同"亚夫科技服务团队"一起为丁庄葡萄开展电商直播助农活动，让学生在暑期实践中身体力行地为乡村振兴贡献自己的力量。同时，在线下，学校引导学生在同企业的合作交流中将日常所学化为实际体验，这对于提高学生的专业技术水平也有重要驱动作用。学校附近拥有丰富的地方红色文化资源，如茅山新四军纪念馆、苏南抗战胜利纪念碑、新四军韦岗抗战纪念馆等。这些都为思政课教学改革提供了难得的校外实训场所与宝贵的文化资源。

（二）行业特色

农业是强国之基，是关乎百姓饭碗和农民生计的基础性产业。培养具有社会主义农业发展观、价值观的"三农"人才，对农业农村现代化建设有着十分积极的意义。作为农业类人才培养主渠道，农业院校的思政课肩负着培养高素质并能够全身心投入农业领域的特色人才的重要使命。随着信息化教学的不断推进，传统思政课教学越来越无法适应当前的人才需求，农业院校亟须探索全新的教学方法，紧跟农业现代化战略建设步伐，培养更多优秀的综合型农业人才。因此，在新形势下，要有意识地转变农业院校思政课教学思维。这不仅是进一步提升思政课教学质量的要求，同时也是农业院校培养社会所需高素质农业人才的内在要求。

习近平总书记在北京大学考察时指出，"青年的价值取向决定了未来整个社会的价值取向"，并提出了"扣好人生第一粒扣子"的重要指示。由此可以看出青年树立和培育正确的、符合社会发展需要的价值观的重要性。大学生是青年的一部分，是国家发展最重要的力量储备，他们的价值取向对社会主义核心价值观的构建，对中国特色社会主义事业的建设和中华民族伟大复兴中国梦的实现都具有重要意义。"三农"问题是关系国计民生的根本性问题，乡村振兴要汇聚全社会的力量，特别是青年的力量。引导青年扎根基层、建设基层不仅可以在一定程度上解决农村人才流失的问题，还可以促进乡村的经济发展和产业升级。思政课对于学生思想价值观的引导起着重要作用，因此应充分发挥高校思政课的教学载体作用，把握社会实践这一关键环节，培养大学生投身乡村振兴的理念信念，为乡村输送德才兼备的全能型人才。

（三）"红""绿"特色

党的二十大闭幕后不久，习近平总书记带领新一届中央政治局常委集体瞻仰延安革命纪念地，重温革命战争时期的峥嵘岁月。习近平总书记强调，要弘扬伟大建党精神，弘扬延安精神，坚定历史自信。贯彻落实好习近平总书记提出的"要把红色资源利用好、把红色传统发扬好、把红色基因传承好"重要指示精神，深入系统地研究中国共产党人的红色精神，并以人民群众喜闻乐见的形式阐释好、宣传好、利用好红色精神，用红色精神引领人、感染人、鼓舞人是每一位高校思政课教师都应认真对待的重大课题。中国共产党的红色精神形成于中国共产党百年来的奋斗历程中，它是中华民族独特的精神标识，集中体现了中国共产党人的政治觉悟、意志品质、思想道德和工作作风等一系列优良传统和革命风范。红色精神在不同的时期，其内涵、形态和特征有所不同。随着中国特色社会主义进入新时代，红色精神将有新的发展演进，也将担负新的时代使命。

习近平总书记在党的二十大报告中提出"全面推进乡村振兴"，要坚持农业农村优先发展，加快建设农业强国，扎实推动乡村产业振兴。对于"三农"工作，习近平总书记在党的十九大报告中就已经强调要将"乡村振兴战略"作为新时代"三农"工作的总抓手，促进农业全面升级、农村全面进步、农民全面发展；同时也强调了关于"绿水青山就是金山银山"的科学论断，指明绿水青山既是自然财富、生态财富，又是社会财富、经济财富。"红"和"绿"是我们祖国繁荣昌盛的重要力量来源，也应当是新时代青年学生心中的底色。红色精神中包含我们中国共产党人"严于律己""对党忠诚""为民造福"等优秀品质；绿色精神中有着许多中国传统文化中的自然理念，其中引导学生养成人与自然和谐共生的绿色文化理念就是同思政课教学的育人目标相一致的。因此，立足农林办学特色，打造"红""绿"融合的教学模式，可以借助地方红色资源与学校服务乡村、扎根乡村、深耕农业的办学理念相结合，利用感染教育法等教学方式传递给学生思政课堂的育人精神，在实践教学中引导学生辩证思维，使学生的思想性不断增强。

（四）育人成效

当前，高校大学生以"95后"和"00后"为主，他们思想活跃、个性鲜明、接受新事物能力强，对自身成长和发展有多元化的需求。作为互联网的"原住民"，他们深受互联网影响，有属于自己的文化圈。面对世界百年未有之大变局加速演进，地缘政治博弈和意识形态竞争升级，网络意识形态斗争形势异常严峻，各种思潮和负面情绪借助互联网平台以更加隐蔽的方式传播，极易对处于"拔节孕穗期"的大学生造成思想困扰和冲击。对此，深化"三全育人"综合改革，把思想价值引领贯穿大学生学习生活全过程就显得十分必要，二级学院积极融合推进"五育并举"，让思想政治教育工作落实到课堂教学、学生生活的方方面面。精准思政平台建设是改革的关键抓手。新时代高校思政课建设取得了显著的成绩，但是也面临着新的机遇和挑战，建设更为科学化、精准化、现代化的高校思政课，是增强思政课针对性、把握思政课规律性的内在要求，对推动新时代思政课递进式创新发展具有重要意义。

党的十八大以来，精准思维在党和国家各项事业中得到日益广泛的体现和应用，并成为新时代做好各项工作的有效思维方法。精准思政指在遵循思想政治教育规律的基础上和精准思维的指引下，以现实的具体问题为着力点，运用大数据、云计算、人工智能等现代信息技术手段，有针对性地开展教育、管理、服务、评价和改进等一系列教育活动，最终实现育人目标的思想政治教育新模式。精准思政有效弥补了传统"大水漫灌式"思想政治教育存在的不足，努力做到"精准滴灌"，增强了工作亲和力、针对性和实效性。习近平总书记指出，要运用新媒体新技术使工作活起来，推动思想政治工作传统优势同信息技术高度融合，增强时代感和吸引力。高校可以依托信息技术建立完善的学生信息数据库，对学生进行"数据画像"，在此基础上开展因材施教、精准育人，将思政课从"大水漫灌"变成"靶向治疗"，根据学生的学科背景、教育经历、家庭环境、个性特征、思想动态等精准提供教育内容，确保对学生精准发力，切实增强思政课的亲和力和针对性，促使思想政治教育内容入脑入心。

第三章

农业职业院校"红""绿"
融合式思政课教师队伍建设

办好思政课是党和国家高度重视的一项工作，而办好思政课的关键就是要有一支优秀的思政课教师队伍。近年来，国家相继出台了一些文件助力思政课教师队伍建设。2019年中共中央办公厅、国务院办公厅印发的《关于深化新时代学校思想政治理论课改革创新的若干意见》，将"建设一支政治强、情怀深、思维新、视野广、自律严、人格正的思政课教师队伍"①明确为新时代学校思政课改革创新的关键环节，赋予思政课教师队伍建设新的时代使命。2020年教育部发布的《新时代高等学校思想政治理论课教师队伍建设规定》提出，要打造一支专职为主、专兼结合、数量充足、素质优良的高校思政课教师队伍②。2021年中共中央办公厅印发的《关于加强新时代马克思主义学院建设的意见》进一步要求，扎实推动马克思主义学院内涵式发展，着力打造一支信仰坚定、理论功底扎实、数量充足、结构优化的高素质教师队伍，提高专业人才培养质量，源源不断培养马克思主义理论后备人才③。2022年，教育部等十部门印发的《全面推进"大思政课"建设的工作方案》提出，要构建"大师资"体系，推进"大思政课"建设④。根据党和国家的要求，学校不断强化思政课教师队伍建设。作为农业职业院校，江苏农林职业技术学院积极投身乡村振兴战略，勇担农业强国建设使命。而要在助力乡村振兴中彰显担当作为，必然离不开一支懂农业、爱农村、爱农民的师资队伍。农业职业院校的马克思主义学院，必须根据学校、地域特点，以深挖红色基因、做强绿色优势为着力点，不断打造一支人数充足、品德高尚、教学过硬、科研精深的"红""绿"融合式思政课教师队伍。

---

① 中共中央办公厅 国务院办公厅.关于深化新时代学校思想政治理论课改革创新的若干意见[EB/OL].(2019-08-14)[2023-03-10].http://www.gov.cn/zhengce/2019-08/14/content_5421252.htm.

② 新时代高等学校思想政治理论课教师队伍建设规定[EB/OL].(2020-01-16)[2023-02-20].http://www.gov.cn/gongbao/content/2020/content_5509718.htm.

③ 中共中央办公厅.关于加强新时代马克思主义学院建设的意见[EB/OL].(2021-09-21)[2023-02-10].http://www.gov.cn/xinwen/2021-09/21/content_5638584.htm.

④ 教育部等十部门关于印发《全面推进"大思政课"建设的工作方案》的通知[EB/OL].(2022-08-19)(2023-02-27).http://www.gov.cn/srcsite/A13/moe_772/202208/t20220818_653672.html.

一、配齐建强专职队伍

一支强的队伍最基础的就是人数充足、结构合理。《新时代高等学校思想政治理论课教师队伍建设规定》指出，高等学校应当配齐建强思政课专职教师队伍。

（一）配齐专职教师队伍

根据《新时代高等学校思想政治理论课教师队伍建设规定》，江苏农林职业技术学院严格按照师生比1∶350配齐专职思政课教师，2023年专职思政课教师41人，其中教授1人、副教授7人、江苏省高职高专思政课教学指导委员会委员1人、江苏高校"青蓝工程"优秀青年骨干教师1人，硕士以上学位教师占比97%，思政课教师师生配比大大超过相关标准。此外，学校还鼓励支持专职思政课教师攻读马克思主义理论相关学科学位，为马克思主义学院储备高水平人才。

（二）完善日常管理制度

有效的日常管理体制机制是教师队伍建设的制度保障。

1. 集体备课制度

培育一个优秀的团队，不仅要不断优化团队成员结构，还要不断完善团队合作机制。集体备课就是促进教师团队合作的一种"天然形式"。备课是教师的基本教学技能，是教学过程的首要环节，也是提高教学效果的重要保障。集体备课是在个人备课基础之上，教师通过集体合作优化备课内容和提升备课效果的重要教学环节①。它不仅有利于解决个人教学工作中难以解决的疑难问题，也有利于加强教师之间的沟通和理解，提升教学团队的整体水平。

---

① 赵庆寺. 高校思想政治理论课集体备课制度探析［J］. 思想理论教育. 2020（8）：67-73.

结合学校实际，马克思主义学院制定了思政课集体备课制度，包括集体备课原则、集体备课内容、集体备课形式、集体备课实施程序、教案（或讲稿）规范、检查评价及具体要求等内容。

集体备课采取首席备课制，一人主讲、集体参与，坚持"四备"和"四统一"原则：备教材、备学生、备教法、备学法；统一教学目标、统一重难点、统一教学进度、统一实践活动。集体备课的内容是教研室根据大纲要求、教学内容需要、学生学情分析及教学实际情况制定的，重点围绕教学思路设计、教材内容处理、教学重点难点、教学方法探讨、教学调研分析、学科前沿，以及课堂设计、课件制作和实践内容等方面的问题展开。

集体备课的基本程序是：分配任务—首席备课人自备—个人备课—集体研讨—专人整理—个体实践—反思交流。"分配任务"是指各教研室根据授课内容将备课任务合理分解、落实到人，相关教师应明确任务、提前准备，以提高备课质量。"首席备课人自备"是指首席备课人在参加集体备课之前要做好教学设计，科学确定教学目标，明确教学重点难点。"个人备课"是指其他教师根据首席备课人提供的备课资料进行个人自学，备课前在深入分析教学内容、领会教学意图的基础上，就备课内容提出看法与建议，并准备发言提纲。"集体研讨"是指由首席备课人主讲，其他教师充分发言和讨论。"专人整理"是指根据教学进度，首席备课人提前将备课相关资料（含多媒体课件、参考视频、教案、习题、作业题或思考题等）分享出来，供其他教师查阅、参考；同时，首席备课人基于备课过程的思考，提出疑难问题与其他教师共同商讨、解决。"个体实践"是指每个教师在集体备课中结合共性教案、本人教学特色和本班学生特点对备课资料进行完善和补充，形成个人教案，实施教学。"反思交流"是指成员们就备课各方面进行交流、研讨，总结经验教训，增强备课实效。值得一提的是，教案（或讲稿）的撰写也是备课的基本要求，应从严实施、注重规范、保证质量。

集体备课的检查评价，即"一查、二审、考核、调控"。"一查"是指查活动开展情况。集体备课活动由马克思主义学院督导办公室进行督查。

督导办公室通过查阅教研室集体备课活动记录和首席备课教师的发言材料了解集体备课情况。集体备课活动记录每月检查一次，检查情况可作为教研室考核和教师考核的重要依据。"二审"是指审阅教研室集体形成的"共性教案"是否体现了课程"立足学生发展、整合三维目标、培养创新精神"的教学理念，审阅教师"个人教案"是否以"共性教案"为基础结合班情、学情进行了个性化的设计，是否体现了教学的创新精神和人文精神。"考核"是指督导办公室定期检查和不定期抽查教研室组织及教师参加集体备课的情况，教研室不得无故不组织集体备课，教师不得无故不参加集体备课。集体备课考核情况将作为教研室和教师考核的重要内容。"调控"是指若首席备课人有特殊情况无法参加或导致集体备课活动难以正常、有序进行，必须向教研室主任做好交接工作，由教研室主任做好调控。

总的来说，在思政课集体备课制度下，思政课教师集思广益，共同研究，切实提高了备课实效，体现了"资源共享、备出个性"，促进了有效教学，突出了思政课立德树人主渠道作用。

2. 听课和教学观摩制度

思政课教师相互听课和观摩是提高教师教学业务水平的有力手段。听课和观摩能最大限度调动教师的主动性，发挥群体优势。被听课和观摩的教师，总是力争把课讲到个人的最高水平，以便给其他教师留下一个好印象。上课教师的知识、才华在观摩课上能够集中反映出来。听课的教师，一方面可以从观摩课上学到上课教师的长处，弥补自己的不足；另一方面可以从上课教师存在的问题中总结经验，从别人的失误中得到教训。观摩后的评论可以使教师交流知识和经验，形成群体智力激荡。这实际上是一次更深层次的集体备课和教师之间的优势互补。

马克思主义学院制定了听课和教学观摩制度，主要包括听课时长、听课形式、听课和观摩的要求等方面的内容。在听课时长上，学院合理确定了任课教师每学期听课的总时长、新老结对教师相互听课的总时长及每次听课的时长等。听课形式，包括独立听课和集体听课两种。独立听课是指教师、结对师徒之间组织独立听课、互相进行听课评议、互相学习借鉴的形式；集体听课是指以教研室或以马克思主义学院为单位，组织教研室专题研讨听课、优秀教师示范教学听课和教师之间相互学习观摩性听课的形式。

观摩教学工作作为日常教学内容，必须要落实到位。为此，马克思主义学院制定了听课和观摩的具体要求。听课前，由督导办公室于每周一前（一般为前一周周五）制订计划，并组织和实施好本周的观摩教学；同时，授课教师协助督导办公室做好听课准备工作，如时间地点的安排、条件设备的准备等；听完课后，秉承着相互促进、平等研讨、及时反馈的理念，教研室组织评课，听课教师从教学理念、教材处理、教法运用、教学效果等方面进行点评，告知讲授者授课的优缺点并提出改进建议，必要时也可召开师生讲评会。

听课和教学观摩制度的落实进一步加强了教学管理与教学研究，促进马克思主义学院形成了相互学习、交流分享的良好氛围，提升了整体教学质量。

3. 新入职教师结对培养制度

新入职的思政课教师培养工作是加强思政课教师队伍建设的重要内容。同时，新入职教师的培养工作也是一个基础性、阶段性、规范性的职业化训练过程，需要统一标准和明确规范。因此，马克思主义学院制定了新入职教师结对培养制度，从结对原则、结对流程、结对工作职责（指导教师职责、新教师职责）、考核奖励等方面做出了系统性的安排，将其作为加强思政课新教师队伍建设的重要举措之一。

新入职教师结对培养制度是马克思主义学院结合现有师资实际，由老教师担任初入工作岗位的思政课教师的导师，形成一对一的师徒关系，关注并引导新教师树立正确的价值观、教育观、人才观，帮助新教师尽快提升教学、科研、社会服务等方面的能力，使其尽快达到任职标准的培养制度。具体内容包括以下三个部分：

第一，规定结对原则及结对流程。新老教师结对指导实施"一对一"模式，原则上一名老教师结对指导一名新入职教师，结对教师应同属于一个教研室；结对教师安排由教研室按照工作需要和教师个人意向统筹决定。具体流程为：建立结对培养关系——签订结对指导责任书——开展结对指导活动——提交结对培养总结——考核。

第二，明确结对工作职责，包括指导教师的职责和新教师的职责。指导教师的职责包括以下内容：（1）指导教师应与新教师及时沟通，了解青年教师的专业背景与特点，确定培养方向、目标和内容。（2）指导教师通过课堂教学示范，帮助新教师掌握课堂教学的基本方法、要求和标准，帮助新教师加强实践锻炼，熟悉教学工作规程和教学环节，把握教学工作规范，增强工作能力。（3）指导新教师撰写讲课提纲和教案，指导教师每学期深入新教师课堂听课应不少于4学时，并应将听课情况与新教师及时进行交流，对其指导，同时填写听课记录。（4）有在研项目的指导教师应吸收新教师加入课题组，指导新教师参与项目的各个环节；指导教师应定期与所指导的新教师进行交流和学术讨论，及时了解并协助新教师解决研究工作中出现的问题。指导教师在申报科研课题时，应将指导的新教师作为课题组成员。（5）支持和协助新教师申报各类科研项目、发表科研论文，对项目申报书的填写、论文的撰写等进行具体指导，对新教师学术交流的题目、内容给予指导。（6）带领新教师参与理论宣讲与社会服务工作，并指导学生参加各类竞赛和社团实践活动。

新教师的职责包括以下内容：（1）积极主动与指导教师交流教学工作中的思想情况、教学情况和业务进修情况。（2）新教师每学期到指导教师课堂听课不少于6学时，并与指导教师及时交流听课情况，同时填写听课记录。（3）积极参与指导教师的教材编写、课件制作、课题申报、项目研究和论文撰写等。（4）积极参加各类培训，多方位提升教学、科研等能力。（5）积极参与理论宣讲、展览馆讲解等社会服务工作。（6）积极参加学生社团指导、学生活动指导等实践活动。（7）指导期满后，新教师应对自己所完成的教学、科研、培训和实践等情况进行总结，并向马克思主义学院汇报。

第三，为保障结对培养制度实施的制度性、规范性，建立科学的双向考核制度和办法显得尤为重要。一方面，要加强对新教师的过程考察和年度考核，对他们的教学全过程进行跟踪，查阅备课资料，深入课堂听课，征集学生意见，详细了解新教师的教学状况，以扶持、引导、关心、帮助他们掌握教学技能为目的，由低到高、由浅入深地进行考核，及时肯定他们的优点、亮点，对存在的问题因势利导，提出改进意见，使其尽快成长、成熟起来。另一方面，要加强对指导教师指导工作的考核，从培养计划制订、听课及课堂教学指导、科研及论文指导、实践及社会服务指导等方面明确具体考核指标，使得考核客观公正、易于操作。

总的来说，这种"一对一"强化新教师培养力度的方式，不仅有利于推动新入职思政课教师的快速成长，也有利于老教师自身能力的提升，更有利于形成良好的教学科研氛围，促进思政课教师队伍素质的整体提升，推动马克思主义学院更高质量的发展。

（三）强化科研培训比赛

首先，科研是衡量一个教师理论素养的重要指标，更是一个教师学识水平的重要体现。学校给予马克思主义学院充足的政策和经费保障，加大对思政课教师科研的支持力度，单独设立校级思政专项课题，通过任务驱动、项目引领，鼓励和支持思政课教师开展教学研究，主动谋求自身的专业发展，提升教学科研能力。同时，马克思主义学院引导全院思政课教师深入学习农业文化、理论、政策，依托思政研究中心和柔性导师，打造思政课科研创新团队和"红""绿"并重研究格局。

其次，有效的研修培训可以帮助教师解决教学或科研中遇到的困难和问题。学校按照每生每年30元的标准，按年度设置"思想政治理论课专项经费"，鼓励思政课教师外出培训、研修，参与组织对外交流活动，做到专款专用。2020年到2022年，马克思主义学院每年都积极安排专职教师开展学术交流和实践研修，组织教师参加线上、线下学术交流会，在省内外多地开展"红""绿"资源实践调研；鼓励教师到国内重点马克思主义学院进行访学研修，组织思政课教师赴四川大学、华南师范大学、河北师范大学等高校参加"全国高校思想政治理论课教师研修基地"研修学习,组织骨干教师到省内外 10 多所高职院校（如广东轻工职业技术学院、广州番禺职业技术学院、广东水利电力职业技术学院、广东工程职业技术学院、浙江金融职业学院、嘉兴职业技术学院、南京工业职业技术大学、南京信息职业技术学院、南京铁道职业技术学院、江苏经贸职业技术学院、苏州农业职业技术学院、常州机电职业技术学院、无锡商业职业技术学院、南京城市职业学院等）进行考察调研,拓宽教师教学视野,实现优势资源共享。2021 年,教师进修比例达 75% 以上,2021 年到 2023 年教师培训比例超过 200%。

除了强化科学研究、研修培训外,马克思主义学院还鼓励思政课教师围绕教材和教学中的重点、难点问题,自觉参加信息化教学大赛、教学能力大赛、说课比赛、微课教学比赛等各类竞赛,锤炼教学技能,提高教学水平;评选和推广思政课教学精品课件和优秀成果,进一步激发思政课教师的创新能力。

二、协同共建"八支队伍"

推进"大思政课"协同育人的关键是要配齐建强思政课教师队伍,这不仅包括专职思政课教师队伍,也包括兼职思政课教师队伍。面对处于"拔节孕穗期"的青年学生,教师的专业程度直接影响其价值观的形成和确立。只有理论素养扎实、思想品德高尚的专职思政课教师才能真正铸就青年学生的思想和灵魂。利用、拓展优质社会资源补充师资力量,将知识视野开阔、社会经验丰富和实践能力突出的师资人才纳入兼职思政课教师队伍,能够以更为宽广的教学视野和覆盖面充实学生的知识体系、扩展学生的知识纬度、丰富学生的现实体验。

（一）队伍人员的构成

2020 年教育部颁发的《新时代高等学校思想政治理论课教师队伍建设

规定》指出，鼓励高等学校统筹地方党政领导干部、企事业单位管理专家、社科理论界专家、各行业先进模范，以及高等学校党委书记校长、院（系）党政负责人、名家大师和专业课骨干、日常思想政治教育骨干等讲授思政课。基于此，马克思主义学院结合工作实际，充分统筹好学校领导班子成员、各二级学院党政负责人、学校优秀校友、政府机关党政领导干部、各行业先进模范、社科理论界专家、企事业单位负责人、辅导员等8支队伍上讲台讲思政课，开创学校思想政治教育教学大格局，形成"立德树人"的强大合力，筑牢广大青年学生的"四个意识"和"四个自信"，培养有理想、敢担当、能吃苦、肯奋斗的时代"新农人"。

首先，地方党政领导干部和企事业单位管理专家具备良好的政治素养和丰富的实践经验，将其纳入兼职思政课教师队伍，能够使学生近距离了解现实社会的发展、成就与挑战，有利于提升学生的知识运用能力和问题分析能力。其次，高校领导班子成员、院（系）党政负责人、专业课骨干、辅导员等重要力量，能够通过校内联合联动实现教育教学资源的互通融合，推动思想政治教育与专业教育的融通，密切思政课与专业课的联系，帮助学生提升综合素养，促进其全面发展。再其次，社科理论界专家、名师大家往往具有较强的科研能力和深厚的理论积淀，分析问题具有深刻的思想性、学理性，他们讲课既能增强课程教学的思想吸引力，又能开阔学生的理论视野。最后，各行各业先进模范是社会生活各领域的典型代表，他们一般拥有出色的工作能力、无私的奉献精神或高尚的道德品质，将其引入思政课兼职教师队伍能够充分展示其示范带头的精神风范，其亲身经历可以感化和浸润学生，起到价值引领的有效作用。此外，优秀校友是大学生身边的榜样，他们的先进事迹和高尚品德蕴含着社会主义核心价值观的内在要求，用优秀校友的先进事迹激励大学生，可以深化大学生对社会主义核心价值观理论的认识，推动大学生将社会主义核心价值观转化为自身精神追求，进而成为行动自觉。此外，马克思主义学院还凝聚起省内思想政治教育方面知名学者、红色文化纪念场馆负责人及"时代楷模""全国劳动模范"等高级别荣誉获得者的合力，千方百计地推动思政课守正创新。

（二）主要内容的实施

除了邀请上述人员走进校园、走上讲台，为学生开展讲座、进行授课之外，马克思主义学院还深入组织开展"思政第一课""校领导上思政课"等活动。马克思主义学院根据教育部办公厅印发的高校"形势与政策"课教学要点文件要求，结合校情、学情实际，制定每学期讲课内容的参考选题，如全面从严治党专题、经济社会发展专题、港澳台工作专题、国际形势与政策专题、高职教育改革发展趋势专题、大学生就业面临的形势与就业政策专题、文化自信与江苏文化资源专题等。在这一过程中，校领导还会与上课学生面对面沟通、心与心交流，这极大地提升了育人实效。

（三）制度机制的保障

1. 高度重视，加强领导

推进"八支队伍"上讲台讲思政课，主要采取"校为主导、院为主体"的两级工作机制，有关部门和各二级学院站在落实培养担当民族复兴大任时代新人的高度，充分认识推动落实学校领导等8支队伍上讲台讲思政课活动的重要性，将其作为一项重要工作来抓。各二级学院党总支书记、院长是第一责任人，他们亲自抓、负总责，全面部署落实工作要求，带头讲课，做出表率。

2. 周密部署，精心安排

各二级学院精心组织、周密部署，确保"八支队伍"上讲台讲思政课工作稳妥推进。一是结合自身实际，研究制订本学院、校领导等8支队伍上讲台讲思政课年度工作计划，及时确定每位主讲人的授课主题及具体时间，并做好统筹安排。二是联系并督促每位主讲人课前围绕所选主题做好教学设计、课件制作等教学准备，课后做好存档，以备教学部门检查。三是做好活动组织、学生考勤及成绩评定工作。各二级学院每学期要对学生的活动参与情况进行成绩评定，并保存好成绩登记表等相关资料，以备检查。四是及时做好宣传报道，营造"立德树人"大格局的浓厚氛围，不断将活动引向深入。

3. 强化考核，务求实效

各职能部门切实发挥思政课立德树人的关键作用，发挥思政育德育课堂的浸润育人功能，把 8 支队伍上讲台讲思政课活动作为教学检查中的一项内容，对重视不足、计划不制订、执行不到位的二级学院，及时指出问题、限期整改。

三、精心打造"红""绿"融合师资团队

学校立足农林特色进行思政课建设与教育教学改革。纵然思政课被称为高校思想政治教育的"主渠道"，思政课教师是办好思政课的"关键"，但如果仅仅依靠思政课和思政课教师进行育人，效果无疑非常有限。专业课是每一个学生课程学习的主体，专业课教师是学生接触得最久、最多、最频繁的群体，如果不发挥他们的作用，育人不但没有合力，甚至可能产生某种抵牾。基于这种判断，马克思主义学院提出了"思政+"行动计划，在学校相关部门的支持下，着眼于凝聚思政课程和专业课程的合力，精心打造"红""绿"融合师资团队，实现"红""绿"融合发展，局面逐步打开，育人成效逐渐显现。

（一）聚合育人主体

立德树人是高校的根本任务和历史使命，教师是立德树人的主体。这就意味着，立德树人不仅是思政课教师应承担的育人职责和使命，而且是所有高校教师都应承担的。尽管每个教师所守的"一段渠"都有自己的学科边界，但是所有教师的育人职责和使命却是相同的。学校打造的"红""绿"融合师资团队，包括专业课教师、思政课教师、辅导员等人员，团队立足农业职业院校特色，以职业活动（教书育人）为着力点，通过学科交叉、人员交叉的组织形态，破除专业（学科）、话语、部门等壁垒，构建理念一致、专业互补、能力互促、协同配合的立德树人共同体；借助课程思政建设平台，通过知识互融、观念互启、方法互鉴等，使思政课教师和专

业课教师在自身能够获得较快成长的情况下，更好地教书育人。例如，马克思主义学院组织安排思政课教师到二级学院，向专业课教师进行全国全省党代会精神、思想政治教育理论理念等相关内容的宣讲，让专业课教师的马克思主义理论素养得到提升，让学生的思想意识、行为举止等在潜移默化中受到影响。同时，思政课教师在专业课教师的帮助下，也获得了多学科视野和素材支持，不仅拓宽了自己的知识面，也能更好地了解学生的专业情况，提高思政课教学效果。这样，思政课教师、专业课教师、辅导员等高校教师在互动交流和支持配合中从单线作战的"守好一段渠"变为联动作战的"守好整段渠"，促进了高校育人目标的实现。

（二）改进教学育人

人才培养是高校的根本职责，课程是人才培养的载体，这也就意味着高校所有课程均应承担育人的使命和责任。马克思主义学院和思政课教师可以为二级学院的课程育人，尤其是为课程思政教学出谋划策，让课程育人工作更有内涵、更具成效。而在这些工作中，思政课教师也更加深入、清晰地了解了各个学院和专业，尤其是自己对接的二级学院和专业。这为增强教师上课时的针对性、时效性和实效性奠定了很好的基础。此外，思政课教师也可以利用自身专长，在专业教学中"客串"；同样地，专业课教师也可以依托自身专业优势，在相关思政课程内容的教学中弥补思政课教师的不足。例如，专业课教师对大国工匠精神、大国"三农"情怀、生态文明建设等思政元素进行专业解读，借助课程思政的内在逻辑，为思政课教师提供丰富的教学案例，使思政课程更具生动性和说服力。在思政课教师与专业教师相互配合中，思政课程与专业课程实现了同频共振、双效合一。

（三）促进实践育人

马克思主义学院不断促进思政课教师和专业课教师在实践课程中的双向合作。思政课教师纷纷担任相关院系的班主任，在思政课实践教学中也经常邀请专业课教师深度参与。例如，实践活动与校园文化协同，共创思政实践育人平台。例如，思政课教师、专业课教师和学生共编"三农"小品，举办"我心中的思政课"微电影大赛、"红色故事会"，等等，这些都增强了学生的获得感。在校外实践活动中，学校与地方融合共拓实践育人空间。例如，教师带领学生前往句容下辖的多个乡村开展思政课实践教学。思政课教师进行改革开放、乡村振兴、共同富裕方面的价值引领，专业课教师则进行农业方面的专业讲解，这不仅可以培养学生的人文精神与"三农"情怀，也提升了学生的专业素养。思政实践课与专业实践课的结合，使学生在现实问题的思考和解决中强化了主流意识形态的正向认知，使其将所学、所感、所悟内化于心，实现知行合一[①]。

（四）加强科研育人

马克思主义学院与各二级学院合作，把专业课程元素融入思政课程标准，绘制"红""绿"融合思维导图，汇编"三农"人物教学案例库，建成"一课一标一图一库"资源矩阵。"鱼类增养殖技术""仪器分析"课程成为教育部首批课程思政示范课程，"高等数学 I""园林工程施工"成为省级课程思政示范课程，思政课教师深度参与 50 多门校级课程思政示范课程建设，推动课程思政与思政课程同向同行。

四、不断完善教师激励和考评机制

在教育教学实施中，马克思主义学院重视教师管理工作的开展，通过完善思政课教师激励与考核机制，增强教师的工作幸福感，促进其更好地为学校教育教学工作服务。

（一）构建完善薪酬制度

在高职院校发展中，薪酬是教师生存的基础，也是教师发展的保障。

---

① 杨秀萍. 课程思政与思政课程协同育人：前提、途径与机制 [J]. 黑龙江高教研究，2021（12）：87-91.

马克思主义学院高度重视构建完善的薪酬制度，在具体的构建中，从以下几点展开：（1）在推进分配制度的过程中，马克思主义学院坚持分配制度与岗位、能力、业绩紧密挂钩，立足于岗位，采取按劳分配、多劳多得兼顾公平原则，确保通过分配制度，将岗位、能力与业绩在薪酬结构中的重要作用反映出来。（2）在薪酬结构级别的设置上，对于同一职称的教师，结合具体教学水平、科研贡献、社会服务等对具体等级做出明确规定。（3）设置年终绩效分配方案。通过绩效方案的落实，鼓励愿意做事、能做事的教师更加积极主动地投入岗位工作中，提升其对工作的忠诚度，这为马克思主义学院各项工作的顺利进行打下了良好基础。

（二）构建完善考评体系

构建完善考评体系可以促使教师将更多精力放在工作中，能够对自身工作中存在的不足有正确认识，从而能够在未来工作中端正工作态度，并对自身行为进行规范，为学院更好发展贡献力量。为努力营造干事创业的氛围和鼓励优秀人才脱颖而出，马克思主义学院充分考虑高职院校思政课教师队伍的职业性质和特点，建立了科学、合理的考评体系。

1. 考核依据

农业职业院校具有显著的特殊性，且是多重特殊性的叠加。一方面，农业职业院校自身具有行业属性、国民经济基础性及国家重大战略紧密性的特征；另一方面，思政课教师与一般专业教师有一定的区别，即思政课教师所达成的教学实效体现在学生思想价值观念层面，抽象且具有内化演变性质，不仅难以考量，而且具有变化性[①]。因此，基于多重特殊性的农业职业院校思政课教师考核评价机制，应坚持以育人成效为标准，以符合马克思主义理论学科特点、符合思政课教学内在要求、有利于教师职业发展为原则，探索构建"统一性与多样性相结合"的考核评价体系。"统一性"集中体现在贯彻落实党的方针政策的标准要求不变、精神意志不变，坚定

---

① 张涛华. 新时代高校思政课教师队伍建设略论 [J]. 学校党建与思想教育，2021（11）：61-63.

不移把标尺"立起来"。"多样性"则体现为考评的内容、方式多样。马克思主义学院结合自身办学条件、教科研实力、师资队伍建设等实际，从教育教学、科学研究和社会服务等方面探索、构建、完善思政课教师考评机制，促使思政课教师实现更好发展，在工作中充分发挥自身作用与价值。

2. 考评内容

马克思主义学院以《新时代高等学校思想政治理论课教师队伍建设规定》为基本要求，坚持公共、公平、公正原则，坚持民主集中制原则，坚持注重实绩的原则，坚持考核结果与被考核者的工作业绩相对应的原则，在全面考核教师的"德、能、勤、绩、廉"的基础上，坚持以德为先，突出工作实绩。

（1）师德师风

思政课教师在工作中应具有坚定的政治立场、高尚的道德情操和严明的组织纪律。习近平总书记在学校思想政治理论课教师座谈会上强调，思政课教师"政治要强"，要"善于从政治上看问题，在大是大非面前保持政治清醒"①。所以，对于思政课教师来说，政治素养是关键。因而，对思政课教师的考核首先要看其政治素养，包括政治方向是否正确，政治立场是否坚定，政治态度是否过硬。师德修养是重点。思政课教师应当成为践行高等学校教师师德规范的模范，引导学生立德树人、立志成才。因此，考核思政课教师能否立德修身养性、坚守育人初心、追求教育理想；能否做学习和实践马克思主义的典范；能否做为学为人的表率、做让学生喜爱的人，是首要的。马克思主义学院要求教师以《高等教师职业道德规范》《新时代高等学校思想政治理论课教师队伍建设规定》为准则，坚持党的领导，坚持中国特色社会主义教育发展道路，坚守师德师风，积极引导思政课教师明确职业底线和行为底线，如出现严重违反课堂政治纪律、违背师德或重大教学事故等问题，造成不良影响的，马克思主义学院实行"一票否决制"，即师德师风考评不合格则考评不合格。

---

① 习近平. 习近平谈治国理政：第三卷 [M]. 北京：外文出版社，2020：330.

（2）教学工作

教学与课程建设工作考核是教师考核的重点内容。教师应配合做好马克思主义学院的各项教学工作，在完成自身的授课任务之外，要积极参与专业建设、思政示范课堂建设和教材编写，参与教研教改、教学资源开发等其他工作。马克思主义学院严格考核教师教学工作量，未完成教学工作量的教师年终考评不能被评为优秀等次；出现严重教学事故的教师年终考评不能被评为优秀等次。

（3）科研培训

在科研考核方面，马克思主义学院积极探索以"代表性成果"和实际贡献为主要内容的考评指标。科研考核主要包括论文发表、教材编写、专著出版、课题申报、成果获奖等内容，并且在操作中将每一部分内容划分为不同等级进行科学评比。例如，论文发表方面，按照普通刊物论文、中文核心期刊论文、CSSCI 来源期刊论文等类型确定评价级别和分值标准；教材编写方面，按照主编、副主编、参编等贡献情况，以及国家级、省部级、市厅级、校级等级别情况确定评价级别和分值标准；学术专著方面，按照独著、合著、译著等几个类型进行级别评价；科研项目方面，在立项与结项两个时间节点，按照主持或参与课题级别（国家级、省部级、市厅级、校级等）划分级别和确定考评标准；教学成果方面，按国家级、省部级、市厅级、校级等层次划分级别，根据排名顺序给予相应的评价。

此外，马克思主义学院也非常重视教师的培训、研修，规定教师每年学习、培训情况的权重为 10%，教师每年至少完成 50 学时的校内外培训任务。

（4）服务贡献

马克思主义学院鼓励教师积极联系基层单位、踊跃参与理论宣讲等社会服务工作，扩大马克思主义学院的影响力。服务贡献有各类业绩、部门建设、兼任工作等几大类。各类业绩包括参加各类教学比赛、指导学生参赛、论文评比、课题评审的获奖情况；参与思政类公开课与示范课活动的次数及效果；开展精品课程建设与开发实践教学项目的情况；等等。部门建设包括参与教研室各类教研教改活动；参与新老教师"传帮带"工作；参与各类教学文件制定、汇编及审核；等等。兼任工作包括担任班主任、辅导员；进行党支部建设、部门督导、专家咨询工作；对学生参加各类竞赛、社会实践活动进行指导工作；开展课程思政融入专业教学的指导工作；参加校内外各类专题讲座及宣讲服务；等等。

3. 考评方式及流程

马克思主义学院考核评优办公室设在马克思主义学院办公室，主要负责考评工作的组织执行等。考核采用"量化考核评比+教研室民主评议+部门民主评议"的方式进行综合评定。考评流程为：教师自评—教研室评议—马克思主义学院审核小组审核—部门民主评议—党政联席会议推荐—公示。教师自评，即根据考核内容，教师个人对全年工作进行全面、客观总结，按照要求填写"教师量化考核表"并提交佐证材料。教研室评议，即由各教研室对"教师量化考核表"得分进行复核，按一定比例推荐个人量化考核分数在教研室排名靠前的教师为"优秀"等次候选人。马克思主义学院审核小组审核，即审核小组对各教研室推荐的"优秀"等次人员的"教师量化考核表"进行复核。部门民主评议，即召开马克思主义学院全体教师民主评议会，"优秀"等次候选人进行年度工作汇报，全体教职工根据一定的规则进行测评投票。党政联席会议推荐，即马克思主义学院召开党政联席会议，确定向学校推荐学院考核为"优秀"等次的教师。公示，即对本部门考评为"优秀"等次的教师在部门范围内进行一定时间内的公示。

（三）创建完善激励机制

健全激励制度有利于调动教师的工作积极性。学校的内部管理，应当结合量化考核，制定符合学校实际情况的激励机制。合理的激励机制可以促进思政课教师的全面发展。思政课教师激励机制分为物质和精神两个层面。物质层面主要是薪酬激励，包括奖金、津贴和其他物质奖励，这可以提升教师的获得感。精神层面主要是各项评先评优，是对思政课教师的认同感与自豪感，以及自我价值实现等方面的荣誉激励，这可以激发教师的工作积极性。

1. 完善物质激励体系

（1）拓展教师奖励项目

为激励优秀的中青年教师在教科研比赛中取得好成绩，学校根据获奖的级别制定了一套相应的物质奖励标准。

马克思主义学院每年增设"最佳教学奖""最佳科研先进个人""最佳宣传个人"和"服务标兵"等奖项，并给予相应的物质奖励。

为提高思政课实践教学的实效性，马克思主义学院每学期组织开展如"大学生讲思政课"比赛、"红色家书诵读"比赛等项目，并设立"优秀指导教师奖"，给予物质奖励。

（2）制定教师岗位津贴发放办法

思政课教师岗位津贴的发放有利于增加思想政治教育工作岗位的吸引力，增强思政课教师的荣誉感；有利于加强学校思想政治教育工作队伍建设，提升学校思想政治工作质量和水平。学校将思政课教师岗位津贴纳入内部分配体系，保证思政课教师的经济待遇。同时，马克思主义学院制定了教师岗位津贴发放办法，坚持科学、公平、公开原则，从学院实际出发，统筹考虑多种因素，充分发挥岗位津贴对思政课教师队伍建设的激励作用，向马克思主义学院在职在岗、承担思政课教学任务的一线专职教师发放津贴。

马克思主义学院综合考量教师本人教学工作量、教研科研、参与学生日常思想政治教育和学习培训等方面的表现，对思政课教师采用量化考评方法。在教学工作量上，教师应积极承担教学任务，达到马克思主义学院要求的教师教学工作量标准。在教科研工作上，考评分为教学质量、教学改革、部门评价三方面。关于教学质量，要求教学目标明确，教学内容丰富，逻辑严谨，重难点突出，体现时代特色；教学方法灵活多样，体现互动性；教师能熟练驾驭课堂，正确处理学生提出的各类问题并引导学生参与教学；能理论联系实际，做到课程内容鲜活、富有亲和力和针对性。关于教学改革，要求教师要高度关注党和国家的大政方针，联系国情世情党情，遵循思想政治教育规律，结合学生的思想行为实际，守正创新，积极主动从教学目标和促进学生成长的角度进行教学改革。关于部门评价，要求教师积极参加各级各项赛事；指导年轻教师，指导学生社团，承担班主任工作，积极开展思政课实践教学；结合本学科服务学校、服务社会；积极参加学校、马克思主义学院、教研室各种活动，承担上级交办的各项任务；等等。在学习培训上，要求教师每年完成一定的学时培训，其中包括马克思主义学院举办的专题讲座、报告及在线学习等。

2. 完善职称评审体系

职称评审是激励教师充分发挥积极性和创造性的有效手段，是一种精神激励。根据《人力资源社会保障部　教育部关于深化高等学校教师职称制度改革的指导意见》（人社部发〔2020〕100号）文件精神，学校推进思政课教师职称评审纳入单列计划、单设标准、单独评审体系，高级岗位比例不低于学校平均水平，建立符合思政课教师职业特点和岗位要求的评价标准，注重考察教学工作业绩和育人实效，将在中央和地方主要媒体上发表的理论文章等纳入思政课教师职称成果评价范围。马克思主义学院通过完善职称评审工作对思政课教师专业技术水平及业绩进行考核和评价，激发思政课教师从事教学工作和科学研究的进取精神，促使思政课教师不断提升自身的学术水平和专业素质。

3. 完善教师表彰体系

学校坚持将思政课教师纳入各类教师表彰体系，确定比例，统一表彰。思政课教师先后获得校级师德标兵、优秀思政课教师、先进个人、优秀共产党员、工会先进个人等个人荣誉，以及思政课名师工作室等集体荣誉。此外，马克思主义学院为奖励在党建、教学、科研、社会化服务等领域做出突出贡献的教职员工，每年度设置单项奖若干项，如党建标兵、教学标兵、科研标兵、社会服务标兵、新闻宣传标兵，以及学院贡献奖等。

第四章

农业职业院校"红""绿"
融合式思政课教学改革与实践

农业职业院校的思政课教学改革，除了要克服职业院校的"通病"之外，还需要解决农业院校自身特有的"症状"。党的二十大报告指出："尊重自然、顺应自然、保护自然，是全面建设社会主义现代化国家的内在要求。"农业职业院校在思政课教学改革中，需要牢固树立和践行"绿水青山就是金山银山"的理念，立足农业特色，服务"乡村振兴"，聚焦"现实发展"，助力"一懂两爱"。本章以江苏农林职业技术学院为例，梳理总结学校在"红""绿"融合式思政课教学改革方面的实践和经验。

一、"红""绿"融合式思政课教学改革的形成与发展历程

学校马克思主义学院在深入研究农业职业院校人才培养目标的基础上，确立了思政课程与专业课程融合发展的教学改革理念，分步骤、有重点地推进研究、探索、实践，在思政课教学改革中取得了较明显的实效。经过多年探索，学院形成了农业职业院校思政课程与专业课程"红""绿"融合式的教学改革成果，并在实践中不断接受检验，加以改进和完善。

（一）"132"教学模式改革探索

2012年起，学校思政部（马克思主义学院前身）在广泛调研和教学实践中发现，高职院校思政课教学的问题普遍集中在以下方面：高度抽象和概括的统编教材不能引起学生的思想共鸣；单一的教学手段和方法无法激发学生的主动性；片面的考核方式不能满足学生全面发展的需求。基于此，思政部组织教师申报了"思政课'红''绿'融合教学改革与实践"校级课题，开展了初步的研究，并形成了独具特色的思政课"132"教学模式。①

1. "132"教学模式之"1"

所谓"1"，就是以社会主义核心价值观为一条主线，重构课程教学体系。培育和践行社会主义核心价值观是高校立德树人的崇高使命，也是思

---

① 丁志春，梅霞. 高校思政课"132"教学模式的探索与实践：以江苏农林职业技术学院为例［J］. 黑龙江教育（高教研究与评估），2018（7）：9-11.

政教育的本质要求。学校在原课程体系的基础上，结合当前大学生的生活实际，直面难点痛点，关注热点焦点，开发了一套集思想性、知识性和趣味性于一体的立体化教学资源：泛雅平台的思政类慕课、《思想政治理论课实践教程》（含电子版）、"思政技能大赛成果集锦"、情景剧表演光盘等。在教材体系转化为教学体系的过程中，学校始终坚持社会主义核心价值观的主线地位，变抽象的教材知识为接大学生思想"地气"的教学内容，用社会主义核心价值观来引领大学生个体价值观的塑造，并使之内化于心、外化于行。图 4-1 以"思想道德修养与法律基础"（2018 年版）课程（该课程已更名为"思想道德与法治"，下同）为例来说明。

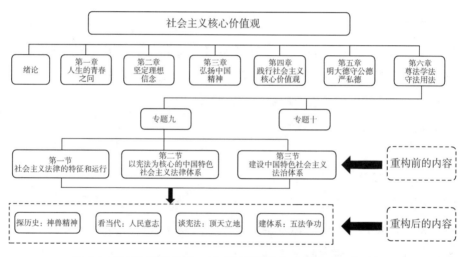

图 4-1　教材知识转化图（以"思想道德与法律基础"课为例）

2. "132"教学模式之"3"

所谓"3"，就是围绕学生的主体地位，开发线上与线下、实践与理论、认知与行为 3 个方面的结合。

（1）线上与线下结合。在线上慕课平台，学生根据教师发布的学习任务单在教师指定的时间段内完成学习任务、参与讨论、提交作业等；在线下课堂，学生要跟着教师精解理论难点、分析热点，教师要引导学生联系实际，进一步消化线上的理论知识。

（2）实践与理论结合。学校突出实践特色，将社会主义核心价值观的理论融入思政课的实践活动中。学校与地方红色文化资源相结合，参观茅山新四军纪念馆等红色基地，培养学生的爱国主义情怀；与校园文化建设相结合，开展师生诵读、情景剧表演、农林大讲坛等格调高雅的校园文化活动，将思想政治教育渗透到校园的各个角落；与农林专业特色相结合，开展华西村调研、"亚夫"访谈等活动，坚定学生学农爱农的情结。

（3）认知与行为结合。坚持立德树人，将社会主义核心价值观贯穿于教育教学全过程，把认知体系与学生的日常行为体系结合起来，激励学生自觉把个人理想追求融入国家和民族事业中，把远大抱负落实到实际行动中，最大限度地增强大学生对社会主义核心价值观的情感认同，最终实现学生的知行统一。

3. "132"教学模式之 "2"

所谓 "2"，就是实现认知和行为两个考核的统一，建立科学的评价机制。

在考核方式上，改变传统的单一试卷考核方式，采取知识点认知考核与学生实践活动、日常行为考核相结合的方式。采用 "人机对话"、慕课随机组卷、论坛讨论等方式进行认知考核，形成 "第一份成绩单"。结合学生在思政实践活动中的行为表现、日常行为养成等进行行为考核，形成 "初步第二份成绩单"。"初步第二份成绩单" 由思政课教师根据学生的实践活动情况评定后，再结合辅导员、团委、学工的综合素质测评成绩，按 1∶1 比例形成学生当前学期的 "第二份成绩单"。两份成绩单最终合成学生思政课的总成绩。这便从制度上解决了大学生思政课学习成绩与实际操行表现相脱节的问题，实现了学生在校期间各环节考核的全面覆盖，对学生的评价更全面、更科学合理。

思政课 "132" 教学模式自探索并逐步应用以来，取得了明显的教学效果，初步使社会主义核心价值观从抽象的理论中 "走" 了出来，在生动的教学中 "活" 了起来，在学生日常行为中 "动" 了起来。

（二）其他二级学院与马克思主义学院对接机制探索

思政课"132"教学模式的实施较好地增强了思政课的教学效果，思政课作为育人"主渠道"的作用也越来越受到重视。但是教师们在教学中进一步发现，专业课是学生课程学习的主要内容，专业课教师是学生接触得最久、最多、最频繁的群体，如果不发挥他们的作用，就不能形成育人合力。基于此，思政部提出了"思政+"（思政课教师+专业教师）行动计划，开始探索马克思主义学院与各二级学院的对接机制。

1. 个别教师示范先行

个别思政课教师先行先试、做出示范，在教学活动中与专业课教师"相互客串"，令学生耳目一新。主要合作方式有两种。

（1）理论教学中相互客串。以"中外园林史"课程为例，风景园林学院专业教师邀请思政课教师讲解园林中的传统文化章节；思政课教师在讲解职业道德内容时邀请专业课教师讲解专业实践中的操作要点，让学生更好地体悟职业要求，理解大国工匠的精神。

（2）实践教学中相互合作。以思政课实践教学为例，思政课教师与专业课教师共同带领学生开展"思政+专业"的教学实践活动。思政课教师与专业课教师共同研究制订实践活动方案，布置教学任务，等等。这种合作方式充分发挥了教师的力量，合理利用了教学资源，让学生充分受益。

2. 重点专业紧密合作

依托学校的省重点专业群建设，思政课教师与二级学院专业课教师结对互助，深入课程研究开发，颗粒化处理思政课程的思政元素，案例式转化专业课程的专业元素，助力畜牧兽医学院"鱼类增养殖技术"、茶与食品科技学院"仪器分析"两门课程申报并立项教育部首批课程思政示范课程。除此之外，学校还有大批课程立项为省级、校级课程思政示范课程。

3. 对接机制全面展开

随着"课程思政"在学校全面开展，马克思主义学院紧紧抓住时机，主动将所有思政课教师"分配"到各二级学院。二级学院与马克思主义学院之间有了较为稳定的合作机制，教师互派、活动共建、资源共享，课堂内外经常出现双方合作的身影。此时，包含理念、方法、资源、保障在内的成果已经初步成形。

2020 年 5 月，《教育部关于印发〈高等学校课程思政建设指导纲要〉的通知》（教高〔2020〕3 号）指出："高等学校人才培养是育人和育才相统一的过程。建设高水平人才培养体系，必须将思想政治工作体系贯通其中，必须抓好课程思政建设，解决好专业教育和思想政治教育'两张皮'问题。"这一问题的提出，为学校"思政+"的对接机制提供了有力支撑，学校长期坚持的马克思主义学院与二级学院对接机制的探索正与此文件中解决"两张皮"问题的理念不谋而合。

（三）"红""绿"融合式思政课教学改革模式的形成与发展

思政课程是落实立德树人根本任务的关键课程，专业课程是落实立德树人根本任务的重要课程。为进一步增强农业职业院校这两类课程的育人合力，学校在前期马克思主义学院与二级学院对接机制探索的基础上，着眼于凝聚思政课程和专业课程的育人合力，实现"红""绿"融合发展，局面逐步打开，成效逐渐显现。

1. 着眼于思想政治教育与专业教育现状

首先，马克思主义学院组织教师有针对性地分析思想政治教育与专业教育协同发展的问题。就农业职业教育的现状来说，问题主要集中于三个方面：（1）课程资源融合度不高。专业课程与思政课程资源建设各成体系，知识教育和价值观教育相分离。（2）教学方法针对性不强。学生参与度不高，影响农业职业院校育人目标的实现。（3）教师团队协同性不足。专业课教师与思政课教师在教学方面各自为战，未形成育人合力。

2. 立足于农业职业院校和学生学情实际

学校以农业职业院校教学实际和学生学情为立足点，遵循立德树人的教育原则，整合了"思政课程+专业课程"的强大合力，形成和打造了"红""绿"融合式教学改革品牌：让思政课程融入专业元素，让专业课程融入思政元素；让专业课教学守住"红"的底色、弘扬"红"的精神，让思政课教学出现"绿"的身影、彰显"农"的情怀。

3. 服务于乡村振兴和学校人才培养

"三农"问题是关系国计民生的根本性问题，实施乡村振兴战略是建设现代化经济体系的重要基础。党的二十大报告指出："全面建设社会主义现代化国家，最艰巨最繁重的任务仍然在农村。"农业职业院校必须立足"三农"，服务于党和国家的乡村振兴战略，这就迫切需要学校把思想政治教育与专业教育融合起来，让思想政治教育"红"的元素融入专业教育，让专业教育"绿"的素养渗入思想政治教育，把"三农"意识培养润化到学生专业学习的全过程，引导学生做有责任、有自信、有能力的新型农业人才，实现价值塑造、知识传授和能力培养三者的有机融合。

历经深入研究、科学谋划、系统推进，学校在教学理念、特色课程、教学方法和保障体系方面积累了行之有效的举措与经验，形成了"红""绿"融合式的思政课教学改革模式。该模式自应用以来，在助益学生成长、助推教师发展、助力课程建设方面产生了显著的效果，赢得了良好的社会声誉。在此基础上，学校成功申报了教育部高校思想政治理论课教师研究项目和江苏省思政课教育教学改革创新示范点项目。

二、"红""绿"融合式思政课理论教学改革

"红""绿"融合式教学理念的确立，为思政课理论教学改革提供了思想指导，促进了教学内容的重构和教学形式的创新。

(一)"红""绿"融合教学理念的确立

理论是行动的先导，思想是前进的旗帜。习近平总书记在全国高校思想政治工作会议上指出："思想政治理论课要坚持在改进中加强，提升思想政治教育亲和力和针对性，满足学生成长发展需求和期待，其他各门课都要守好一段渠、种好责任田，使各类课程与思想政治理论课同向同行，形

成协同效应。"① 这就要求高校在加强思想政治教育工作中，树立"大思政"理念，充分发挥思想政治教育的价值引领作用，拓展育人平台，优化育人环境，推动思政课程与课程思政同向同行、协同育人，实现"三全育人"。

马克思主义学院积极推进农业职业院校"红""绿"融合教学改革。"红""绿"融合教学理念的确立，为教学改革明确了方向。学校在充分把握农业职业院校思想政治教育与专业教育现实情况的基础上，探寻思想政治教育与专业教育的内在契合之处，探索实现二者同向同行、协同育人的具体方法与途径，不断丰富和完善农业职业院校思想政治教育与专业教育协同融合模式的具体内容，有效增强了思政课的教学效果，促进了学校思政课的守正创新，获得了良好的师生反馈与社会效应。

（二）"红""绿"融合教学内容的重构

教学内容建设是思政课理论教学的重中之重，"内容为王"是思政课教学改革的一大特点。在前期思政课"132"教学模式的探索中，学校以社会主义核心价值观为一条主线，重构课程教学内容，为思政课教学改革积累了经验，奠定了理论教学内容建设的基础。在"红""绿"融合教学理念的指导下，学校深入研究农业职业院校人才培养的需求和时代特征，重构"红""绿"融合下的思政课教学内容体系，在政治性与学理性、价值性与知识性、理论性与实践性等方面不断探索教学和改革的现实路径。

1. 特色标准引领，两大元素融合

课程标准是课程教学的指挥棒。课程标准是否合理，直接影响着课程教学的质量。以往的专业课课程标准，重点关注和涵盖的是专业课程的基本原理、课程理论及应用知识，课程目标中虽然也提到了素质目标，但在实际的教学过程中往往因各种现实因素忽视了素质目标的真正落实，更不用说课程标准所要求的思想政治教育资源的挖掘与传授了。"红""绿"融合教学理念确立以后，学校从课程标准入手，着重解决专业教育与思想政

① 习近平. 习近平谈治国理政：第二卷［M］. 北京：外文出版社，2017：318.

治教育"两张皮"的问题。

（1）完善课程标准。在专业课程标准制定时，以二级学院各专业的主要就业岗位和专业人才培养方案为基础，强化课程思政理念引领，进一步明确职业道德、工匠精神等素质目标的重要性，完善课程标准。

（2）挖掘两大元素。围绕习近平总书记提出的"培养什么人，怎样培养人，为谁培养人"这一教育根本问题，以"立德树人"为根本任务，挖掘专业课中蕴含的思想政治教育元素和思政课中蕴含的专业教育元素，在课程标准的目标、内容和考核等板块，做到思政课程与专业课程的元素融合，把植物保护、园林审美、农产品质量安全等专业元素融入思政课程标准，把文化自信、法治思维、民族精神等思政元素融入专业课程标准，使"红""绿"融合理念有规可循。

（3）丰富教学内容。在完善课程标准和深入挖掘两大元素的基础上，实行集体备课制度，将职业岗位的工作任务、工作经验、生活学习知识引入教学内容，构建思政课与专业课教学思维导图和案例库，变教材内容为教学内容。

2. 特色课程示范，两类课程共建

学校以重点专业建设为平台，特色示范课程先行，带动一批课程的建设。思政课教师与二级学院专业教师结对互助，深入进行课程研究开发，颗粒化处理思政课程的思政元素，案例式转化专业课程的专业元素，建成"一课一标一图一库"课程资源，实现思政课程与专业课程的共建共享共受益。

（1）一课：一门课程。以畜牧兽医学院的"鱼类增养殖技术"、茶与食品科技学院的"仪器分析"两门课程为示范，先行建设，在思政课程中以"思想道德修养与法律基础"为示范，后期分批建设一批课程。

（2）一标：一个课程标准。针对课程特色和要求，结合农业职业院校专业人才培养方案和立德树人的任务要求，完善不同课程所需的课程标准。

（3）一图：一套思维导图。根据课程标准整合教学内容，在专业课教学中引入工匠精神、职业道德等思政元素，在思政课程教学中融入生态文明、绿色发展等专业教育元素，绘制思政课专业元素思维导图（见图4-2）和专业课思政元素思维导图（见图4-3）。

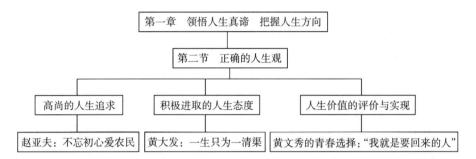

图4-2 思政课专业元素思维导图（以"思想道德修养与法律基础"课为例）

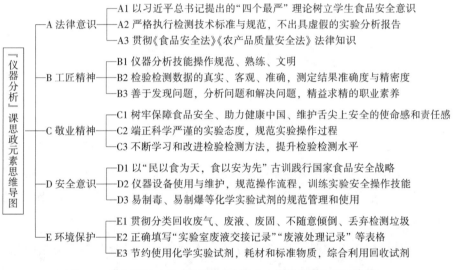

图4-3 专业课思政元素思维导图（以"仪器分析"课为例）

（4）一库：一个案例库。除了突显地方特色、学校特色，思政课程和专业课程教学中还相互嫁接课程资源，教学内容中相互引入典型案例，思政课程汇编形成思政课教学案例库，专业课程汇编形成课程思政案例库，有效增强了思政课与专业课的育人合力作用（详见本章附录）。

3. 特色活动推进，两大课堂互通

第一课堂是指"按照专业人才培养方案设定的目标体系、课程体系，开展有计划、有步骤的课堂教学，其以专业班级为单位，在教室、实验实训室开展基础理论知识、专业知识、专业实习等教学活动"①。第二课堂是在第一课堂之外开展的以校园文化活动为主的素质教育活动。一般来说，两类课堂各有特色和目标，两者在教育教学中分别担任着不同的角色，发挥着不同的作用。因此，第一课堂的任务主要由授课教师承担，第二课堂的任务主要由团委等部门的分管学生工作的教师承担，两大课堂教学方面各自为政，未形成育人合力。

为了推进两大课堂的融合，马克思主义学院与团委、各二级学院对接，共同设计、开展第二课堂活动，有目标、有计划地设计了独具特色的活动内容，比如诚信小品情景剧、爱国主义演讲、小组辩论赛等。理论教学课堂以学生为中心，融汇理论教学知识，引导学生活学活用，并着重培养学生的语言表达、逻辑推理和团队合作精神，有效推动和增强了学生第二课堂的活力和效果，保障了两大课堂融合、健康发展。

（三）"红""绿"融合教学方法的探索

教学方法是高校教学改革的永恒话题，它是提升思政课教学质量和效果的重要手段。与其他课程相比，政治性比较强的思政课在教学中更加注重教学方法的研究，这既是思政课的内在要求，也是思政课实效性发挥的有力支撑。

学校在前期思政课"132"教学模式探索中"三结合"教学方法的基础上，继续立足学生的实际情况，着眼社会热点、民生焦点、授课难点，实现教学从概念化向通俗化转向，将价值塑造、知识传授和能力培养相融合，形成以学生为中心的"导—练—演—赛—服"的教学方法。

1. 导

充分利用思政课教学案例库和课程思政案例库，精心设计教学导入环节，利用对案例的分析引入问题、概念、方法和原理等，既要拓宽学生的

---

① 毛浩生. 高职院校第一课堂与第二课堂协同育人研究［J］. 内江科技，2021，42（1）：125-126.

理论视野，又要有助于学生在接下来的学习中加深对基础概念、原理和知识点的理解和掌握，领会其精神实质。比如，在讲解中国精神时，教师以当地"三农"人物赵亚夫的精神品质为案例导入，让学生从理解赵亚夫开始理解民族精神，感悟时代精神。

2. 练

"工学结合"是职业院校教学的一大特点，也是思政课与专业课结合的一大亮点。"红""绿"融合教学改革紧密按照"工学结合"的要求，按照思维导图指引，在专业技能训练中将培养敬业精神和职业道德素养一以贯之；在思政课实践训练中紧扣"三农"主题，通过研练说、辩、写等润化学生"三农"情怀，让学生在"练"中不断提升专业技能和综合素养。

3. 演

思政课教师在编制思政课情景剧时，借助专业课教师的力量，将"三农"人物、"三农"故事及大国"三农"、大国工匠等事迹编成"三农"小品和校园情景剧，师生共编共导共演。在思政课教学中以班级为单位，在深化理论知识的过程中鼓励学生进一步打磨演练，参加校园文化活动展示，将第一课堂教学内容推向第二课堂。

4. 赛

在教学中学习借鉴学校职业技能大赛的赛事规则和经验，坚持"以赛促教、以赛促学"的原则，在教学活动中引入竞争机制，开展各类竞赛（如手抄报比赛、社会调研比赛、职业技能比赛等）①。比赛分为学生组队、师生组队等形式，以达到培养学生的团队合作能力、语言表达能力、写作能力、动手操作能力等的目的。赛事规则的引入，能够更好地激发学生的学习动能和竞争意识。

5. 服

马克思主义学院与二级学院充分合作探索，着力于构建"基地化建设、项目化管理、课程化推进"的实践育人体系。在校团委的统一组织下，马

---

① 王学红，陈立娥. 高职院校思政课"金课"建设问题研究：以江苏农林职业技术学院为例 [J]. 才智，2022（1）：100-103.

克思主义学院与二级学院相继成立各类农业特色社团，组建"笔尖下的美丽乡村实践团""菌先声服务团"等 17 支实践团队，立足区域特色提升新优特产业，将课堂移到田间地头，把理论教学和专业实践延伸至农业产业一线和农村基层（如电子商务专业的学生助农销售、环境艺术专业的学生进行"笔尖下的美丽乡村"创作等），变一线课堂为志愿服务现场。

"导—练—演—赛—服"的教学方法，深刻融合了学校马克思主义学院思政课与二级学院专业课的资源和平台，极大地改变了思政课与专业课"两张皮"的局面，虽然在应用中还存在专业课教师与思政课教师融合度尚需提高、活动规则尚需细化完善等问题，但确实为学校"红""绿"融合教学模式的推广积累了丰富的经验，为学校"大思政"育人格局打开了局面。

（四）"红""绿"融合教学形式的创新

互联网技术的不断发展与普及改变了大学生思维特点和学习习惯，这也使得改革与创新思政课的教学形式显得尤为迫切和重要。为此，学校深入研究学情特点和现代学习工具，在"红""绿"融合教学改革模式中，积极采用反映时代性、规律性和创造性的教学形式，推进网络技术的广泛应用，实现教学现代化，从而增强思政课的教学针对性、实效性。

1. 慕课建设

慕课（MOOC）是"大规模网络开放课程"（Massive Open Online Courses）英文缩写的音译，具有碎片化学习、免费开放和学习者人数规模不受限制等优点。慕课的出现改变了传统的知识传播方式和学习方式，对高校思政课来说，如何借鉴慕课经验，创新思政课教学模式，进一步有效推动思政课教学改革，已成为一个新的时代课题。

（1）学校慕课建设的进程

学校的慕课建设起步较早，2014 年始，思政部（马克思主义学院前身）就组织教师一边在中国大学 MOOC 平台上学习北京大学汪琼老师的"教你如何做 MOOC"课程，一边研讨"思想道德修养与法律基础"慕课的建设问题。2014 年 12 月至 2015 年 8 月，全体思政课教师历时 9 个月，完成了

"思想道德修养与法律基础"课程的单元设计、教案脚本、视频录制、教学资料收集等全部建设工作，于 2015 年 9 月在超星泛雅平台上开课运行，2018 年 1 月在中国大学 MOOC 平台上线开课，先后经历了 5 次修订、补充和完善，极大地推动了学校思政课教学形式的创新。

2019 年，学校在"思想道德修养与法律基础"课程建设经验的基础上，启动了"毛泽东思想和中国特色社会主义理论体系概论"课程的慕课建设，并于 2020 年 1 月在中国大学 MOOC 平台上开课运行。

（2）学校慕课建设的成果

截至 2023 年 1 月，学校已经完成了"思想道德修养与法律基础"（2021 年更名为"思想道德与法治"）和"毛泽东思想和中国特色社会主义理论体系概论"两门课程的慕课建设。"思想道德修养与法律基础"慕课课程，于 2017 年 3 月被江苏省教育厅立项为首批在线开放课程建设项目。2022 年 10 月，两门课程均获评"十四五"江苏省职业教育首批在线精品课程。2016 年 5 月 6 日，《江苏教育报》以《思政课这样上，真带劲儿》为题报道了学校思政课的慕课建设和运行成果[1]。2017 年 3 月 25 日，《中国教育报》以"'厉害了，我的思政课'——演话剧、做视频、跑调研，江苏农林职院创新思政教育赢好评"为题报道了学校思政课慕课的建设与运行。[2]

2018 年 11 月 25 日，由高校思想政治理论课程研究中心、全国高等学校教学研究中心和武汉大学马克思主义学院联合举办的"思政课在线开放课程群上线仪式暨 2018 年版教材混合式教学模式研讨会"在武汉大学召开，学校作为思政课在线开放课程群建设单位之一参加了开幕式，并在研讨会上做了《乘信息技术之舟，扬思政教改之帆》的报告，分享了学校思政慕课建设的过程和经验，受到与会专家的好评。

（3）学校慕课建设的特点

作为学校第一批上线的慕课，思政课的慕课建设既适逢其时，面临各

---

[1] 吕玉婷，郭海红. 思政课这样上，真带劲儿 [N]. 江苏教育报，2016-05-06（4）.
[2] 丁志春. "厉害了，我的思政课"——演话剧、做视频、跑调研，江苏农林职院创新思政教育赢好评 [N].
中国教育报，2017-03-25（2）.

种各样的机遇，同时又受到各方面的巨大挑战。慕课建设集中了学校、教师、学生多方面的力量，是全校师生长期努力和艰苦探索的智慧结晶。总的来说，学校慕课建设的特点主要有：

一是师生原创性。两门思政类慕课的建设，不论脚本设计、知识讲解，还是视频录制、剪辑，均为学校师生原创，知识讲解主要由教师承担，访谈、情景导入等均由师生共编共演，创作内容立足于学生思维特征和学习习惯，更易于被学生接受。

二是校园特色性。两门思政类慕课的建设，均立足于学校服务"三农"的办学宗旨，在专业知识讲解、案例补充方面突出"三农"特色，体现"红""绿"融合的教学理念，注重将爱国主义教育和"三农"情怀培育融入慕课中，唱响"红"旋律，培育"绿"产业的继承人。

三是形式多样性。两门思政类慕课的建设，均采用多样化的制作工具，视频内容形式有理论讲解、师生访谈、"农林大嘴巴"课堂、情景演绎等。

2. 线上线下教学

线上线下教学，是指将慕课的线上教学和传统的线下教学相结合，是信息技术与传统课堂教育相融合的一种全新的教学模式。两门思政类慕课相继上线运行，为学校思政课教学提出了新的问题，那就是思政课教师该如何处理好慕课线上教学与师生线下教学的关系。

（1）为什么要线上线下结合教学

慕课作为一种新兴的教学模式，从产生之初就被学界质疑。如果慕课具有传统教学无可比拟的优势，那师生是否还需要线下教学？如果慕课不能解决师生互动的问题，那学校为什么要建设慕课？这一度是困扰学校思政课教学的一大难题。

思政课传统教学的缺点是显而易见的，比如以教师讲授为主的"满堂灌"无法调动学生的活力，师生互动不够，课堂吸引力不强，等等。慕课建设能否解决传统教学的这些问题呢？2015 年学校"思想道德修养与法律基础"慕课在超星泛雅平台上线后，思政部曾组织教师在两个班级做纯线上教学的试验，即所有的教学过程都在泛雅平台上解决。教师们很快发现，慕课有利于学生的碎片化学习，却不能保证每个学生都能够自觉完成所有教学任务，而且催生了人机分离、代人刷课的现象。学生通过慕课碎片化学习得到的只是一些碎片化的知识点，依然不能解决传统教学照本宣科的问题，而且慕课的多样化手段让课堂偏向于娱乐化从而弱化了知识的学习和价值观的引领。

所以经过一个学期两个班级的试验，教师们总结得出结论：单纯的传统教学形式不能调动学生学习的主动性，单纯的慕课教学也同样不能提升教学质量，保障教学效果。因此，采取线上线下结合的教学模式是慕课建设完成后思政课教师必须面对的问题。

（2）如何开展线上线下教学

在线上线下结合教学上，学校坚持以学生为主体、以教师为主导的原则，重点是解决学生和教师在线上线下做什么、怎么做。

其一，线上教学。线上教学主要适用于课前与课后两个阶段。

课前教师通过线上网络平台发布课前学习任务单，学生完成慕课碎片化的视频观看，以及教师的课前提问、问卷等作业。教师要针对慕课内容和线下教学精心设计课前学习任务单，准确把握学生的知识掌握情况和重难点掌握情况，以便做好线下教学。

课后教师通过线上网络平台发布学习拓展资料、章节作业和测试等，用于学生巩固所学知识，拓展知识广度和深度。根据章节学习情况，教师还可在线上平台开通答疑板块。

其二，线下教学。线下教学是传统课堂教学的升级版本。

传统课堂教学主要是教师在课堂上讲授，学生被动地接受。采用线上线下结合教学后，线下教学中教师不再是课堂的主导者，而是学习的引导者、设计者和服务者。教师利用学习平台数据和经验了解学生的学习情况，根据学生知识掌握程度的不同定制个性化的学习指导方案，针对重难点内容进行有针对性的讲授，针对学生普遍存在的思想困惑进行分组讨论、汇报等教学活动，引导学生主动探索、积极思考，让学生成为学习的主体力量，改变过去被动学习的状态。

经过一段时间的探索和改进，线上线下结合的教学形式取得了明显的成效。尽管目前还存在部分教师应对教学改革的适应能力不同、处理线上线下的教学内容存在能力差异等问题，但是从整体上来看，线上线下结合教学在促进学生主动思考、积极探索，提升教师课堂引导能力、教学活动设计能力等方面发挥了积极的作用，做到了课前、课中、课后的有序衔接，线上线下的充分融合。

3. 多种教学工具应用

为了适应线上线下结合的教学改革，教师们在信息化的教学工具应用方面进行了多种探索。

（1）多功能的教学辅助 App。如云班课、学习通、云课堂、雨课堂、慕课堂等。这些教学辅助 App 各有优点，学校鼓励教师学习使用这些多功能平台，用于课前学习任务单发布、课中师生互动、课后作业反馈等过程。目前这些 App 已成为教学中不可或缺的教学工具。

（2）特殊功能的教学工具。如弹幕、希沃白板等。除了多功能的教学辅助工具外，有些教师在课堂上使用了弹幕、希沃白板等小工具，这些工具在课堂上起到了调动学生积极性、活跃课堂气氛的效果。

（3）线上授课的教学 App。如腾讯会议、QQ 课堂、学习通直播课堂等。疫情期间，为了保证教学的正常进行，教师线下授课也通过网络平台进行，腾讯会议、QQ 课堂、学习通直播课堂等 App 的使用，最大限度地还原了师生线下授课的场景。

三、"红""绿"融合式思政课实践教学改革

2017 年 3 月 25 日，《中国教育报》以"'厉害了，我的思政课'——演话剧、做视频、跑调研，江苏农林职院创新思政教育赢好评"为题，报道了学校思政课的实践教学成果，指出学校线上与线下结合、实践与理论结合、认知与行为结合的思政"三结合"模式，让社会主义核心价值观在

生动的教学氛围中活了起来①。经过几年的研究探索，学校实践教学在"132"教学模式的基础上，形成了独具特色的"红""绿"融合式的思政课实践教学模式。

（一）实践与实践教学

实践是检验真理的唯一标准，思政课的实践教学对教学目标的达成具有十分重要的作用。作为高校人才培养工作的重要组成部分，实践教学始终贯穿着人才培养的目标和要求，体现着"成才"和"成人"的双重目标和追求。构建高校思政课的实践教学体系，需要科学、准确地界定思政课实践教学的内涵，把握实践与实践教学的本质特征。

1. 实践与思政课实践教学的内涵

实践是人类自觉自我的一切行为，是人们改造自然和改造社会的有意识的活动。毛泽东在《实践论》中指出："马克思主义者认为人类的生产活动是最基本的实践活动，是决定其他一切活动的东西。"② 实践教学是指在教师的指导下，由学生自主进行的综合性学习活动，是基于学生的经验，密切联系学生的生活和社会实际，体现其对知识综合应用的学习活动。从总体上来说，思政课实践教学必须具备实践性、理论性和教学性的特点。

（1）思政课实践教学是一种实践性的活动。与所有的实践教学一样，思政课实践教学也要求学生在实践活动中获得新的体验和感知，与专业课实践教学不同的是，它不需要教师事无巨细地演示，只需要教师在活动中做好组织、引导的工作，在学生活动中发现问题并及时指导纠正。

（2）思政课实践教学必须基于思政课教学理论。思政课实践教学本质上是为了配合理论教学，它不能脱离思政课的理论而独立存在，必须在思政课教学理论的指导下开展活动，从而进一步巩固和加深对理论知识的认知。

---

① 丁志春．"厉害了，我的思政课"——演讲剧、做视频、跑调研，江苏农林职院创新思政教育赢好评［N］，中国教育报，2017-03-25（2）．

② 毛泽东．毛泽东选集：第1卷［M］．北京：人民出版社，1968：259．

（3）思政课实践教学本质上仍是教学活动。思政课实践教学活动虽是活动形式，但本质上是教学，是面向所有学生的教学活动，不是精英学生的选拔，也不是才艺学生的展示，是所有学生在教学过程中的参与、分享和学习。可以说，思政课的理论教学是实践教学的知识储备，实践教学是理论教学的延伸和社会化的过程，也是学生获得感性认识，并对理论知识进行选择性吸收和内化的过程。

综上所述，思政课的实践教学具有实践性、理论性和教学性，是在思政课教学理论的基础上，通过教师引导学生参与各种实践活动，从而巩固和加深对思政课的理论认知的一种教学活动。将实践活动引入思政课的教学，是新时代思政课教学改革的一大必然要求。

2. 思政课实践教学的必要性

（1）实践教学是思政课教学的本质属性。实践是人的存在方式，也是检验真理的标准。马克思主义最本质的特征在于实践性。思政课的教学必须遵循这个本质特征的要求，理论教学要扎根于生动的社会实践，又必须回到社会实践中得以检验才能真正说服人、打动人，推动人的认识从感性向理性升华，在对象性实践活动中实现精神产品的生产与再生产，在拓展教学时间和空间的同时，推动学生从"接受教育"向"自我教育"渐进式地转变。

（2）实践教学是农业职业院校人才培养的客观要求。职业院校是当前培养高素质劳动者和技术技能人才的核心阵地，人才培养中突出动手能力更强、适应能力更快、创新意识更强烈的特点。农业职业院校更是需要扎根农业、农村和农民的社会实践之中，不仅需要较强的专业技能，还需要在实践中深化理论、升华情感。因此，实践教学就成为人才培养必要的途径和重要的环节，农业职业院校的思政课教学必须顺应和遵循这一育人规律。

（3）实践教学是落实新时代思政课教学改革的必然要求。"05方案"实施以来，特别是进入新时代以来，党中央进一步明确了加强思政课实践教学的建设方向，《普通高校思想政治理论课建设体系创新计划》（2015）、

《高校思想政治工作质量提升工程实施纲要》（2017）、《关于深化新时代学校思想政治理论课改革创新的若干意见》（2019）、《关于进一步加强高校实践育人工作的若干意见》（2012）、《高等学校课程思政建设指导纲要》（2020）等多个文件，均提出了加强高校思政课实践教学的明确要求。2018年，教育部印发的《新时代高校思想政治理论课教学工作基本要求》明确规定，本科院校要从现有思政课学分中划出 2 个学分开展思想政治理论课实践教学，开启了思想政治理论课实践教学规范化建设之路。在 2021 年全国两会上，习近平总书记"下团组"时指出，"'大思政课'我们要善用之""思政课不仅应该在课堂上讲，也应该在社会生活中来讲"。由此可见，突出实践育人的教学模式，是思政课教学的必然趋势和客观要求。

3. 学校思政课实践教学开展情况

江苏农林职业技术学院实践教学的开展情况大概可以分为以下三个阶段。

（1）个别教师先行的零散探索阶段（2012—2014 年）。在此阶段，主要是个别教师发挥特长，在部分班级中先行探索。最初以演讲、辩论、研讨等课堂内实践的形式为主。之后，与校团委、宣传部合作，开展师生诵读、情景剧表演、农林大讲坛等格调高雅的校园文化活动，课堂内实践的形式渐渐扩展为课堂外实践的形式。这一阶段的主要特点为活动零散、学生参与范围较小、影响力有限等。

（2）思政课教师有计划地实施阶段（2014—2016 年）。在前期个别教师示范先行的基础上，此阶段思政部将实践教学统一纳入思政课授课计划，将其分为课堂内实践和课堂外实践、校内实践和校外实践不同的类型与形式，实践活动涵盖"思想道德修养与法律基础"（2021 年后课程名称改为"思想道德与法治"）和"毛泽东思想和中国特色社会主义理论体系概论"两门课，学生参与达到全覆盖。2016 年，马克思主义学院在总结实践教学的基础上出版了校内第一本电子教材《思想政治理论课实践教程》（华中师范大学出版社，2016 年版）。这一阶段的主要特点是活动统一有计划、学生参与全覆盖、实践教学影响力逐年增强。

（3）与二级学院共赢的"红""绿"融合阶段（2016年至今）。此阶段是随着马克思主义学院与二级学院的深入对接同步展开的。在此之前，思政课的实践教学虽已形成规模效应，但基本上局限于思政课教学范围之内。随着思政课与专业课的深度融合对接，思政课实践教学开始融入专业教学元素，思政课教师与专业课教师共同研讨，共同制订实践计划，共同带队组织实践教学，优势互补、资源共享。2019年，马克思主义学院在"红""绿"融合实践教学的基础上，修订出版了《思想政治理论课实践教程》（南京大学出版社，2019年版），并成功申报了江苏省"十三五"规划重点教材。这一阶段的主要特点是：突出校园特色，做到"红""绿"融合；实践活动分专业特色有针对性地安排；实践教学影响力开始走出校园，受到省内同行院校的关注与好评。

（二）项目与项目特色

从2016年起，马克思主义学院以《思想政治理论课实践教程》为依托，设立了系统的思政课实践项目。这里的"思政课实践项目"与思政课理论教学中的课堂实践不同，主要指课堂外的校园或社会实践。

虽然是课外进行的校园或社会实践，但其与思政课的理论教学紧密联系，不是脱离思政课教材，而是从教材教学内容中提炼出来的适合学生参与的实践内容，同时融入学校特色和专业要求，形成适合实践教学的系列项目。实践项目分上下两篇，上篇主要基于"思想道德修养与法律基础"课程，下篇主要基于"毛泽东思想和中国特色社会主义理论体系概论"课程①。

1. 上篇：思想道德修养与法律篇

（1）入学教育——品味大学，规划人生

实践目的：认识大学，做好大学规划，践行"扣好人生第一粒扣子"。

实践时间：入学后第一周，与各二级学院的专业教育相结合进行。

---

① 丁志春. 思想政治理论课实践教程［M］. 2版. 南京：南京大学出版社，2019.

实践内容：

①参观校史馆——了解我的大学。参观学校校史馆、农耕文化馆等，了解学校的创业历程、所获荣誉及农耕文化知识。

②主题班会——我的大学我做主。思政课教师与二级学院班主任、辅导员合作，了解学生对大学的认知，做好入学教育和学生的大学学习规划。

③互动游戏——"拍卖"我的大学。教师用"拍卖"的方式指导学生"追求"大学生活的目标（学业成绩、人际关系、恋爱对象、兴趣爱好等），帮助新生做好大学生活的规划。

（2）感恩教育——一路成长，感谢有你

实践目的：懂得爱，珍惜爱，善待自己，善待他人，践行公民道德规范。

实践时间："思想道德修养与法律基础"课程人生观相关章节学习时。

实践内容：

①微电影拍摄——感恩与思政同行。学生分组进行"感恩"主题的微电影拍摄，以学生的视角发现感恩，传播人间温情。

②手抄报制作——享受感动分享爱。学生分组或个人独立完成。

（3）诚信教育——弘扬传统，内化品德

实践目的：感知内化诚信品德，提升道德认知和情感体验。

实践时间："思想道德修养与法律基础"课程道德相关章节学习时。

实践内容：

①诚信访谈。学生分组进行，就"诚信"话题确定访谈内容、对象，在校内对特定师生进行访谈，或在校园中随机访谈。

②诚信小品。学生分组进行，班级内以小组竞赛形式就"诚信"主题进行小品原创表演。

③诚信主题辩论赛。班级分组进行，二级学院内以班级为单位进行竞赛。

（4）法治教育——走近法律，感受法威

实践目的：零距离置身法律场景中，感受法律权威。

实践时间："思想道德修养与法律基础"课程法治章节学习时。

实践内容：

　　① 旁听审判。以班级为单位到法院旁听庭审，参观少年审判庭。

　　② 参观法治教育基地。参观当地法治宣传教育馆、宪法馆等，听取司法工作人员的讲解。

（5）理想信念教育——追求理想，坚定信念

实践目的：锻炼意志，坚定理想信念。

实践时间："思想道德修养与法律基础"课程理想信念相关章节学习时。

实践内容：

　　① 重走长征路。校园内设置"长征路线"和"事件地点"，参与者在徒步运动中完成任务方可获胜。

　　②"三农"人物访谈。以班级为单位，与二级学院专业教师合作，对当地"三农"典型人物进行访谈，并与其座谈。

　　③ 大学生说思政课演讲比赛。学生个人报名，以"理想信念"为主题参与演讲比赛。

（6）创新创业教育——放飞梦想，精彩人生

实践目的：深入创业一线，培养创新创业意识。

实践时间：大一暑假期间。

实践内容：

　　① 寻找创业先锋。暑假期间学生自行结对，就近寻找创业人物典型进行采访和实地调研。

　　②"三下乡"暑期实践。马克思主义学院与校团委、二级学院联合，深入乡村调研，把脉乡村乡风、文化建设。

2. 下篇：中国特色社会主义认知篇

（1）传承经典——思政著作诵读

实践目的：诵读马列经典著作，领悟红色精神。

实践时间："毛泽东思想和中国特色社会主义理论体系概论"课程毛泽东思想相关章节学习时。

实践内容：

① 毛泽东诗词诵读。师生共读，班级内部选拔，与二级学院辅导员携手，在二级学院范围内部组织比赛。

② 马列经典著作诵读。学生分组进行，选取马列著作的部分经典篇章诵读。

（2）激扬文字——爱国主义演讲

实践目的：锻炼语言表达，提升竞赛意识。

实践时间："毛泽东思想和中国特色社会主义理论体系概论"课程中国梦相关内容学习时。

实践内容：

① 班级内部选拔赛。班级内学生个人或组队报名，思政课教师组织班级内选拔赛。

② 二级学院复赛。与二级学院联合，各班级选送参赛队参加复赛。

③ 校内决赛。马克思主义学院与校团委联合，各二级学院选送参赛队参加决赛。

（3）砥砺前行——优秀影视鉴赏

实践目的：从优秀影片中汲取前行力量。

实践时间："毛泽东思想和中国特色社会主义理论体系概论"课程文化自信相关内容学习时。

实践内容：

① 集体观看。以班级为单位进行，观看优秀影片，分享观后心得。

② 影视配音。班级内学生分组进行，选取经典片段进行影视配音。

（4）缅怀先烈——参观革命纪念地

实践目的：走进历史，感悟英雄情怀。

实践时间："毛泽东思想和中国特色社会主义理论体系概论"课程"四个伟大"（即伟大斗争、伟大工程、伟大事业、伟大梦想）相关内容学习时。

实践内容：

以班级为单位，马克思主义学院与二级学院联合组织参观学习。

（5）英雄再现：红色情景剧会演

实践目的：演绎英雄人物，激发爱国情怀。

实践时间："毛泽东思想和中国特色社会主义理论体系概论"课程坚持党的领导相关内容学习时。

实践内容：

以班级为单位，马克思主义学院与二级学院联合组织，与学生共编共导共演情景剧。

（6）乡村振兴——喜看家乡新变化

实践目的：走进"三农"，宣传新农村建设。

实践时间：大二暑假期间。

实践内容：

① 美丽家乡我代言。学生单独或自行组队进行乡村考察，了解家乡发展，感悟家乡变化，形成调研报告或成果PPT。

② 美丽家乡我留影。学生单独或自行组队进行，用短视频方式记录家乡变化与发展。

③ 乡村调研。马克思主义学院与二级学院联合，组织学生深入乡村进行调研，把脉乡村经济和产业发展。

3. 项目特色

从总体上看，学校思政课实践项目突出实践育人功能，体现思政课实践教学的实践性、理论性和教学性，是学校思政课实践教学改革的一大成果。

（1）"红""绿"融合，助力"大思政"育人格局

学校坚持"红""绿"融合的教学理念，在实践育人中既充分发挥思政课主阵地作用，又注重思政课与专业课、马克思主义学院与二级学院和其他部门的相互配合，不断深化"三农"价值塑造和"三农"情怀培育，把

"三农"情怀、工匠精神纳入实践体系之中，让思政课教师不再是"单兵作战"、思政课不再是"孤岛"，用"大思政"育人合力引导学生"懂农业、爱农村、爱农民"。

（2）三个结合，打造农林思政品牌

学校突出实践特色，将社会主义核心价值观的理论放在大学生的实践活动中，以"三结合"的方式打造"农林思政"品牌：与地方红色文化资源相结合，培养学生的爱国主义情怀；与校园文化建设相结合，将思想政治教育渗透到校园的各个角落、各个环节；与农林专业特色相结合，坚定学生学农爱农的情怀。

（3）内外契合，构建实践教学体系

学校以思政课教学理论为基点，建立校内校外契合的学分制实践教学课程体系。学校在充分利用校内教学资源的基础上，盘活并利用当地茅山革命老区的红色基地、"三农"建设创业基地、劳动模范的育人基地，构建校内校外契合的实践教学体系。

（三）活动与活动品牌

思政课实践教学是思政课教学的重要组成部分。马克思主义学院经过长期探索，立足学生成长成才需要，坚持"红""绿"融合教学理念，以"三下乡"、情景剧等特色活动为载体，以强化实践育人、推进思想政治工作创新、彰显农业职业院校办学特色、培养德智体美劳全面发展的社会主义建设者和接班人为主线，探索打造了"农林思政"这一实践育人品牌，取得了突出成效。

1. 情景剧校园演出

情景剧演出是学校这几年探索较为成功的成果之一，目前已经在全校上演了红色情景剧《红灯记》《沙家浜》《白毛女》《智取威虎山》，以及传统戏剧《陈州放粮》。

学期初由马克思主义学院统一制订排演计划，由思政课教师专人负责编排剧本初稿，各思政课教师在所任课班级的实践教学中组织排演，邀请二级学院专业课教师参与剧本修订，教师与学生共同研讨、选定角色、课余排练，以班级为单位在二级学院会演，并报优秀演出班级参与校园文化艺术活动，面向全校师生演出（见图4-4至图4-7）。

图 4-4　《沙家浜》情景剧

图 4-5　《白毛女》情景剧

图 4-6　《红灯记》情景剧

图 4-7　《智取威虎山》情景剧

2. "三下乡"暑期社会实践

从2016年开始，马克思主义学院每年利用暑假时间，由思政课教师领队，组织大一、大二学生深入农村基层开展"三下乡"学习调研活动。师生们共开展了探访革命老区、致敬老兵、寻找非遗文化传承人、走访农业致富典型、了解乡风民俗、认识乡村古迹等系列活动。每次活动之前，马克思主义学院都积极与校团委对接商讨，填写申报书，选定实践地点，制订实践方案，注重把握农业行业特点，契合专业实际，厚植学生"三农"情怀，取得了良好的实践教学效果。

2018年，团中央学校部组织了"乡村稼穑情·振兴中国梦"全国农科学子聚力乡村振兴全国大学生暑期社会实践专项行动，学校思政部带领的"革命老区文化兴盛之旅"团队获得 2018 聚力"乡村振兴"优秀团队提名奖；"新时代　新思想"茅山老区行宣讲调研团荣获 2018 年江苏省大中专学生志愿者暑期文化科技卫生"三下乡"社会实践活动优秀团队，其所撰报告获评优秀调研报告（见图 4-8 至图 4-11）。中国青年网等媒体对马克思主义学院的"三下乡"暑期活动进行了详细报道。

图 4-8　暑期"三下乡"实践活动

图 4-9　革命老区访英雄

图 4-10　优秀调研报告获奖证书

图 4-11　优秀团体获奖证书

3. 沧桑巨变 70 年专题活动

2019 年是中华人民共和国成立 70 周年，为全面展示我国"三农"事业的伟大成就，呈现乡村振兴的宏伟蓝图，记录"美丽乡村"的精彩图景，切实引导马克思主义学院师生聚焦"三农"、关注农业、关心农村、关爱农民，马克思主义学院发起组织了"话七秩沧桑巨变·访百家美丽乡村"专题社会调研活动①。

此次调研分为"政策宣传""把脉乡村""农业楷模""特色产业""乡村美景"5个主题。学生可以小组或个人的形式选一到两个主题开展调研。在广泛宣传和发动下，参与此次调研的学生涵盖了所有二级学院，涉及的乡村涵盖了全国十几个省区。大家根据活动要求，深入乡村，宣传党和国家的战略政策，观察70年来乡村的沧桑巨变，梳理乡村发展进程中的各类问题，看到了真实、全面、立体的乡村图景，坚定了投身乡村振兴事业的信心和决心。

4. 喜看家乡新变化

马克思主义学院结合思政课教学理论知识，按照学生专业特色组织学生分组开展赞美家乡、介绍家乡和设计家乡的活动。

活动主要分为：（1）赞美家乡——访一访。组织学生开展家乡变化调查采访活动，主要以改革开放以来家乡的发展、生态文明建设等为主题，对家乡进行观察，通过调查访问的形式，了解家乡发生的变化。学生在课余、周末或小长假时间自行完成。（2）介绍家乡——说一说。学生分组调研，小组内部进行交流，每个小组用PPT或短视频的形式，展示家乡在农业发展、生态文明等方面的发展变化。（3）设计家乡——想一想。让学生将自己了解到的、感受到的家乡变化写下来，思考家乡随着社会、科技和生态文明建设的进步会如何进一步发展，做一个"家乡未来设计师"，发挥自己的想象力，设计家乡未来发展的蓝图。

（四）基地与基地建设

思政课实践教学基地建设既是学校思政课教学的必要、重要组成部分，也是提升学生综合实践能力、培养其社会适应能力的重要举措。近年来，学校在加强思政课实践教学的同时，十分重视思政课实践基地的联系和建设，建成了一批高质量的校内校外协同的"红""绿"融合式思政课实践教

---

① 唐智. 农业职业院校思想政治课的特色与凝练 [J]. 重庆电力高等专科学校学报，2020，25（4）：56-59.

学基地。

1. 农耕文化馆

农耕文化馆位于学校农博园内，馆内建筑面积 1086 平方米，一期于 2008 年 12 月建成，馆名由著名农业专家洪绂曾题写，馆内神农氏和春耕牛雕像栩栩如生。农耕文化馆设古代农业、传统农业、现代农业、乡风习俗 4 个部分、26 个展厅，图文并茂地展示了古代大型水利工程、农业先祖风采和农耕典故；介绍了古代田制赋税，收藏有古代农书、原始农具犁、耙、水车、水龙和养蚕、纺织、捕鱼工具等 500 多件实物，展示了江南农耕文化，体现了中华农业文明的传承。

农耕文化馆与思政课实践教学紧密联系，是学生了解农业发展史、大国"三农"、农业传统文化的重要窗口。学生们在此进行实践教学活动，能够最直观地感受我国传统农业工具的发展，以及祖辈们在农业发明创造中展现出的卓越智慧，可增强学生对中华文明的认知和情怀。

2. 现代农业展示馆

现代农业展示馆位于学校农博园内，建筑面积 2000 平方米，馆内配有先进的控温、通风、遮阳系统，冬季可保持 15℃ 以上的温度，以满足馆内各类动植物周年生长的需要。展示馆共分为热带植物、跌水假山、浅液流栽培、农业物联网 4 个区域。热带植物区保存有各种亚热带植物，包括桫椤、龙血树、榕树等。跌水假山区有假山、人工瀑布、锦鲤、垂吊花卉等，为微缩版的园林景观。浅液流栽培区展示浅液流栽培及水肥一体化等现代农业设施和技术。农业物联网区通过局部的无线网络、互联网、移动通信网等各种通信网络交互传递，实现实时监测功能。

现代农业展示馆适用于马克思主义学院与二级学院联合进行思政课实践活动，学生们在此看到现代农业的科技发展、绿色农业的未来前景，可增强对农业现代化的感知，从而进一步增强扎根农业的信心。

3. 党史学习教育展览馆

党史学习教育展览馆位于马克思主义学院四楼，由"党史中的口号"和"中国精神"两大展馆组成，是学校思政课实践教学的重要基地。"党史中的口号"展馆共有 53 块展板，展示了党成立以来提出的口号，以及不懈奋斗、成就梦想的恢宏历史。"中国精神"展馆共有 35 块展板，分阶段、有重点地介绍了以伟大建党精神为源头的中国共产党人精神谱系。为了更好地发挥展览馆的育人功能，马克思主义学院组织优秀思政课教师和青年马克思主义者协会中的优秀学生组成展览馆宣讲团队，为校内外单位、人员提供宣讲服务。目前，展览馆不仅是学校思政课实践教学的重要基地，而且是党员干部进行思想教育学习的重要场所。

4. 校史馆

2023 年是学校建校一百周年，学校安排专项经费，在原有校史馆资源和新挖掘的校史资源的基础上，搜集整理学校建校百年的发展历程、办学成果、师生主要事迹、教育经验，致力于打造综合展示学校发展脉络、清晰呈现百年奋斗成就、广泛凝聚师生校友力量、激励各项事业不断发展的智慧化、绿色化校史馆。

5. 茅山新四军纪念馆

茅山新四军纪念馆坐落于句容市城东南 20 公里处的茅山国家 AAAAA 级旅游景区内，是全国爱国主义教育示范基地、全国国防教育示范基地、全国红色旅游经典景区、全国文明单位、全国先进社科组织，以及江苏省首批党史教育基地①。

茅山新四军纪念馆是学校思政课实践教学的重要基地，每年学校都组织师生到馆内参观学习，听取纪念馆工作人员的讲解，实地考察茅山革命老区的战斗遗迹。马克思主义学院还与茅山新四军纪念馆签订了线上教学合作协议，除了定期邀请馆内专家为学生做党史学习教育讲座外，还将思政课堂"搬入"馆内，让学生在校园里就能从线上实时观看馆内图像和资料。

6. 赵亚夫事迹馆

赵亚夫事迹馆位于句容市天王镇戴庄村白沙水库旁。事迹馆以赵亚夫

---

① 茅山新四军纪念馆 ［J］. 世纪风采，2020（12）：2.

为农业奉献的历程为主线，分为青云之志、异国逐梦、农科岁月、桑榆躬耕、万山红遍、乡村振兴、领导关怀7个篇章，循序渐进，让参观者以最直观的方式深刻感知和领悟"亚夫精神"（奋斗、开拓、奉献）的丰富内涵。

赵亚夫事迹馆2019年对外开放后，学校第一时间与事迹馆取得联系，开展思政课实践教学。学生在此参观学习，感悟赵亚夫老先生一生为农爱农的情怀，学习赵亚夫同志牢记使命、坚守信仰、矢志为农的精神。

7. 唐陵村（唐陵村新四军秘密交通站纪念馆）

句容市天王镇唐陵村地处茅山红色革命老区，村域面积10平方公里，拥有18个自然村，1321户、3418位村民，村党委下辖4个党支部，共有党员139名。唐陵村拥有9个经济合作社、2家苗木专业合作社、1个花木交易市场、2家上市园林公司、1家森林产品电商城、200多家苗木注册公司和1200多位苗木经纪人。2017年，唐陵村苗木及相关产业实现销售43亿元，村集体年收入从2007年的不足10万元增加到400万元，人均收入从不足3000元增加到4.3万元，唐陵不仅甩掉了"特困村"的帽子，而且一跃成为句容市美丽乡村建设的样板村[①]。

唐陵村作为学校思政课实践教学基地，有着独特的作用。在这里，教师将思政课挪到田间地头，以当地群众和学生为主要教育对象开展思政课教学，让学生在新时代感悟农业、农村的发展变化和乡风文明成果，增强对现代农业、农村、农民的认知，加强爱农务农意识。

附录：思政课教学案例库与专业课思政案例库

（一）思政课教学案例库

马克思主义学院思政课教学案例库如表4-1所示。

---

① 江苏政务服务网. 唐陵村辖区简介［EB/OL］.［2023-03-08］. http：// jrtwz.jszwfw.gov.cn/art/2018/7/4/art_157899_8307.html.

表 4-1 马克思主义学院思政课教学案例库

章节	案例标题
第一章	黄文秀的青春选择："我就是要回来的人"
	黄大发：一生只为一清渠
	河北保定学院西部支教群体：让青春之花绽放在祖国最需要的地方
	吴明珠：把一切献给"吃瓜群众"
	张桂梅：用全部的生命教书育人
	钟扬：做一颗扎根大地的种子
第二章	袁隆平：我有两个梦想
	李保国：太行山上的新愚公
	华梦丽：不爱红妆爱农庄
	赵亚夫：不忘初心爱农民
	糜林：立志学习为农业
	支月英：深山中的"一棵树"
第三章	李冰父子：都江堰的千年传奇
	南泥湾精神或者北大荒精神
	秦玥飞：耶鲁高才生的村官之路
	郁宝锋：做食用菌行业的领头雁
	刘树安：全村致富奔小康的领头人
	王继才：守岛英雄时代楷模
第四章	先富帮后富，一片叶子助力共同富裕
	从"复兴号"感受中国速度
	习近平的知青岁月
	让人远离饥饿的"一介农夫"
	"养猪院士"印遇龙
	和谐友善的六尺巷
第五章	毛相林：敢向绝壁要"天路"
	李玉："小木耳大产业"的领路人
	刘虎：让乡亲们吃上甜水，此生无憾

章节	案例标题
第五章	塞罕坝：为有牺牲多壮志，敢把沙漠变绿洲
	郑林林：聚焦"三农"大学生创业
	周广帅：担使命，志愿服务为大众
第六章	聂树斌案改判无罪的法治意义
	孙小果案：在司法光环下，真相终将大白
	致敬时代楷模：公正为民的好法官——邹碧华
	阻拦高铁关门的女子挑战了哪些底线？
	全国首例户籍遭遇歧视案
	高空抛物致人伤亡案

（二）专业课思政案例库（以"仪器分析"课程为例）

"仪器分析"课程思政案例库（名目）：

1. 仪器分析——现代科学技术的眼睛

2. 溶液的 pH——食品腐败变质的指南针

3. 小小电极，也别有洞天

4. 瞄准标准曲线——守护农产品质量安全

5. 溶液为什么这么红——物质对光选择性吸收

6. 可见光区——人眼只能看见不到 5% 的世界

7. "铅"动你的心——客观认识茶叶中的铅

8. 让数据说话——您今天吃了多少"铁"

9. 再见"镉大米"——石墨炉原子吸收分光光度计的使用

10. 为科学家擦亮眼睛的光谱仪发明者——本生和基尔霍夫

11. 食以安为先——农残超标的黄瓜能进餐桌吗？

12. 工欲善其事，必先利其器——认识气相色谱仪

13. 舌尖上的安全——与抗生素牛肉说拜拜

14. 磨刀不误砍柴工——熟知高效液相色谱仪

15. 愚公"移"山，有"容"乃大——移液管和容量瓶的规范操作

16. 化学家的通式——"C4H4"

17. 气相色谱——马丁与辛格

18. 质谱之祖——阿斯顿

19. 色谱柱——逛一趟上海南京路步行街

20. 反兴奋剂——气相色谱质联用技术

让数据说话——您今天吃了多少"铁"

江苏农林职业技术学院　　陶程

【案例导读】

　　铁是人体必需的微量元素之一，健康成人的人体内铁的总量为 4~5 克，虽然只约占体重的 0.005%，但是它极为重要，它是血红蛋白、肌红蛋白、细胞色素及其他酶系统的主要成分，帮助氧的运输，还能促进脂肪的氧化。缺乏铁元素容易造成贫血，我们需要每日摄入一定量的铁元素，男性为 5~10 毫克，女性为 7~20 毫克。唯物主义辩证观点告诉我们事物具有两面性，根据《中国居民膳食营养参考摄入量（2013 版）》，中国居民膳食铁的每日可耐受最高摄入量为 40 毫克，过量补充铁会引起胃肠道不良反应。您知道自己吃的食物有多少铁吗？今天我来教大家如何测定食物中的铁含量。

【案例描述】

　　常用的测定食物中铁含量的方法为邻二氮菲分光光度法，即在 pH 4~6 条件下，用盐酸羟胺将三价铁还原为二价铁，二价铁再与邻二氮菲生成橘红色络合物，在最大吸收波长 510 纳米处用可见分光光度计测定样品中铁的含量。

　　使用分光光度计前要预热仪器 30 分钟，一定要打开吸收池暗箱盖预热，因为此时光路自动关闭，可以延长光电池的使用寿命，避免资源浪费。

　　我们选择测量波长为 510 纳米，在此波长处，吸光值最大，测定灵敏度最高。接着我们进行调零，将空白溶液对准光路，调节透光率 $T=100\%$，将测量档位由透光率 T 转至吸光度 A，显示值为 0.000，反复几次，合格后才可以进行测定。

　　将被测样品推入光路，便可以从显示器上得到被测样品的测试吸光度值 A，记下读数。实验结束后，关闭电源，拔下电源插头，注意不能用湿手插拔插头，因为水是导体，会引起电击；也不要用手捏着电源线拔插头，长期捏着电源线拔插头会使电源线断裂，断裂部位容易发生短路、漏电，引发火灾和触电事故。

　　在 50 毫升容量瓶中依次加入 10 毫克/升的铁标准溶液 0 毫升，1.00 毫升，2.00 毫升，4.00 毫升，6.00 毫升，8.00 毫升，10.00 毫升，然后依次加入 1 毫升 100 克/升盐酸羟胺溶液，摇匀，加入 5 毫升 1 摩尔/升醋酸钠溶液及 2 毫升 1.5 克/升邻二氮菲溶液，用水稀释至刻度，放置 5 分钟，以空白为参比，选择波长 510 纳米测定，以含铁量为横坐标，吸光度 A 为纵坐标，绘制标准曲线。在此步骤中，移液管、容量瓶的规范操作对实验结果和标准曲线的相关性系数影响较大，每个人都要有科学严谨、精益求精的实验态度。在数据记录时也要实事求是，不能为了满足标准曲线的相关性系数 $r \geq 0.999$ 或者数据美观而修改实验数据，要确保检验检测数据、结果的真实、客观、准确。

　　取 3 个 50 毫升容量瓶，分别吸取 10 毫升消解的待测样品溶液，从加入 1 毫升 100 克/升盐酸羟胺溶液开始，按照制作标准曲线同样的方法显色，测定未知样品的吸光度，根据标准曲线方程就可以计算出样品中铁的含量，结果以每 1 千克样品中含铁多少毫克表示（毫克/千克）。

　　实验结束后，各组同学将容量瓶、移液管、比色皿清洗干净，废弃废液、废弃固体要进行分类回收，并打扫好实验室环境卫生。

【案例解析】

　　本案例通过可见分光光度法测定食品中铁的含量。铁是人体中重要的微量营养元素，是维持生命的主要物质，是制造血红素和肌血球素的主要物质。人体对铁的摄入量不足，会导致缺铁性贫血；但是中国居民对铁的可耐受最高摄入量为 40 毫克/天，超过则可能会引起铁中毒，表现为恶心、呕吐、腹痛、腹泻、呕血、便血等症状。本知识点课程思政元素挖掘既能引导学生均衡膳食，关注身体健康，助力健康中国战略，又引入了唯物主义辩证观点，即事物具有两面性。

在实验操作步骤中，本案例既考查了学生对移液管、容量瓶等的基本操作技能，又考查了学生对可见分光光度计的使用实践，以及实验数据的记录和计算，充分体现出科学严谨、精益求精的实验作风；在实验数据记录、结果计算中融入真实性、客观性、准确性的检验检测数据，可以培养学生诚实守信的职业素养；强调打开吸收池暗箱盖预热仪器，延长光电池的使用寿命，可以培养学生节约资源的好习惯；在仪器使用完后拔下电源插头的教学环节，可以教育学生不能用湿手拔电源插头，也不能拽电源线拔插头，这也是一次润物细无声的用电安全教育。实验结束后，教师再通过劳动教育引领学生进行垃圾分类，养成保护环境的好习惯。

【案例交流与讨论】

实验中哪些操作步骤影响铁含量的测定结果？我们如何规范操作？

第五章

农业职业院校"红""绿"融合式思政课研究改革与实践

一、聚焦于"红"深化研究

（一）红色文化融入国家治理研究

党的十九届三中全会提出"推进国家治理体系和治理能力现代化"，党的十九届四中全会通过了《中共中央关于坚持和完善中国特色社会主义制度 推进国家治理体系和治理能力现代化若干重大问题的决定》，全面总结了我国国家制度和国家治理体系13个方面的显著优势。这些显著优势反映了我们党在治国理政的实践过程中取得的成功经验，其中一条显著优势就是：坚持共同的理想信念、价值理念、道德观念，弘扬中华优秀传统文化、革命文化、社会主义先进文化，促进全体人民在思想上精神上紧紧团结在一起。红色文化是指中国共产党领导全国各族人民，在长期的革命和建设过程中形成的具有中国特色的先进文化，蕴含着丰富的革命精神和厚重的历史文化内涵。红色文化是推进中国式现代化进程中可资利用的宝贵资源，包括物质文化和非物质文化，是推进中国式现代化的重要精神支柱。我们必须深入挖掘红色文化在国家治理中的重要价值功能，做好中国式现代化的谋篇布局，引领中国式现代化的正确方向，凝聚广泛的社会共识，形成中国式现代化的主体力量。

1. 红色文化指引中国式现代化的方向

第一，红色文化能够指引中国式现代化的根本方向。根本方向由政治方向和价值取向构成。习近平总书记在很多场合多次阐述政治方向的重要性。他在中共中央政治局第六次集体学习时的讲话中指出："政治方向是党生存发展第一位的问题，事关党的前途命运和事业兴衰成败。"由此可见，政治方向对党和国家的前途命运起着决定性作用，把握正确的政治方向在推进国家治理现代化过程中起着重要作用。那么正确的政治方向是什么呢？对此，习近平总书记也给出了答案，那就是共产主义远大理想和中国特色社会主义共同理想。就当前阶段而言，我们的政治方向就是"两个一百年"奋斗目标。红色文化是中国共产党带领中国人民在追求民族独立、人民解放和国家富强的过程中形成的一种文化和精神，这种文化和精神当中就深藏着共产主义远大理想和中国特色社会主义共同理想。所以说，弘扬红色文化能够指引中国式现代化的方向。中国式现代化的价值取向就是人民幸福和中华民族伟大复兴，归根结底是人民过上幸福的生活。红色文化则是中国共产党为人民的解放和幸福而奋斗牺牲的集中体现。譬如中国共产党人、优秀的革命战士张思德同志，全心全意为人民服务，带头帮助人民群众生产劳动，用生命践行了服务人民的宗旨。这样的红色故事数不胜数，充分体现了中国共产党的根本宗旨和初心使命都是"为人民服务"。在新时代，中国共产党要想更好地为人民服务，更好地推动中国式现代化的进程，就必须学习红色历史，践行初心使命，以人民对美好生活的需要为根本价值取向来进行治国理政。因此，弘扬红色文化能够指引中国式现代化的价值取向。

第二，红色文化能够指引中国式现代化的目标导向。红色文化作为中国共产党在治理和动员中国社会过程中形成的智慧结晶，蕴含了深刻的国家治理和社会治理的思想，能够指引中国式现代化的目标导向。从红色文化的内涵来看，红色文化首先表现为马克思主义中国化的理论成果，比如毛泽东思想。毛泽东在早年读书时期对于中国社会及一些政治问题就进行了深刻的思考，他认为中国衰落的根本原因在于中国社会缺乏政治组织能力，具体表现为国家和人民之间几乎没有联系，这导致了当时中国无法形成现代的国家思想、国家认同和政治思想。中国社会之所以缺乏这种政治组织能力，其根源在于中国的基层被"土豪劣绅"所把持，上层被"官僚买办资产阶级"统治，当国家想要动员社会的时候，就只能依靠官僚和基层的土豪劣绅。而一旦官僚和土豪劣绅结合，就会出现军阀割据的局面。因此，要改造中国社会，就必须扎扎实实地把基层社会组织起来。基于这样的分析，毛泽东在后来的革命生涯里便有了两个最重要的目标，其一是团结底层群众，重建基层社会的政治组织能力；其二是推翻上层的官僚买办资产阶级，从根本上打破旧中国的治理体系，重建新的治理体系。他一针见血地指出：谁能够组织农民，谁就能组织中国。他还明确指出了"枪杆子里面出政权"，创建了井冈山革命根据地，并从理论上阐述中国必须走农村包围城市、武装夺取政权的道路，这些观点后来经过实践检验证明是正确的，是实事求是的，是马克思主义中国化的重要理论成果。正是通过这些治理思想，中国共产党人才能带领中国人民取得革命的胜利。在新时代的今天，我们依然要运用好红色文化中的治理思想来指引中国式现代化的目标导向。

2. 红色文化凝聚中国式现代化的社会共识

凝聚社会共识才能够形成社会认同、国家认同和政治意识，这也是实现中国式现代化的关键。红色文化作为马克思主义和中国具体实际、中华优秀传统文化相结合的文化，不但是中国人民及中华民族价值观念体系的重要组成部分，而且是凝聚中国精神和社会共识的精神支撑。具体而言，红色文化中蕴含着中国各族人民对中国共产党的高度信任，对马克思主义的坚定信仰，以及对中国特色社会主义事业宏伟蓝图的美好向往。因而，红色文化能够加强国家和基层人民群众之间的联系，能够从思想领域最大限度地动员社会，凝聚广泛的社会共识，为铸牢中华民族共同体意识提供重要支撑，从而形成中国式现代化的最大公约数。

红色文化所凝聚的社会共识首先就是制度共识，即人民群众对于中国特色社会主义制度的广泛认同和衷心拥护。而社会主义制度作为我们的根本制度，伴随着时代的变化和实践的发展不断完善，是推进中国式现代化的治理依据和制度保障。此外，红色文化所凝聚的社会共识还包括民族共识，即人民群众深刻意识到中华民族是一个命运共同体，56个民族要像石榴籽一样紧紧团结在一起。这种民族共识是国家统一、民族团结的思想基础。红色文化记录了党领导各族人民不懈奋斗的光辉历史，留下了许多宝贵的红色印记和红色文物，这些生动的"教材"正是激励各民族团结奋斗、荣辱与共的精神力量。党的十八大以来，习近平总书记多次强调要"铸牢中华民族共同体意识"。当然，凝聚社会共识并不等同于否认社会利益的多元性和差异性，而是寻找一个最大公约数，即所有人都认可的一种共识，最根本的共识应该是人民群众的根本利益。寻求和实现中国式现代化和社会主义现代化的根本目的就在于让人民过上更好的生活。因而，弘扬红色文化，凝聚社会共识，有助于推进中国式现代化的进程。

3. 红色文化培育中国式现代化的合格公民意识

人民群众是社会历史的主体，现代化公民则是国家治理现代化进程中的主体力量。红色文化能够培育公民的集体意识和规则意识。

一方面，红色文化能够培育公民良好的集体意识。红色文化深刻体现了中国共产党人的民族大义和集体意识，毛泽东就曾经论述过局部和全局的关系，提出了顾全大局的观念，和国民党建立抗日民族统一战线，以维护整个中华民族的根本利益。中国共产党自创立以来，始终以国家和人民的利益为重，为实现民族独立、人民幸福和国家富强而英勇奋斗、流血牺牲。这种大无畏和无私忘我的集体主义精神也是红色文化的重要组成部分，弘扬红色文化，有助于激励和唤醒现代公民的集体意识和社会责任感，有助于促进公民主动参与到公共事务当中来，从而实现广泛的政治参与和民主监督，这对于推进中国式现代化有着积极的影响。

另一方面，红色文化能够培育公民良好的规则意识。制度的生命力在于执行，而制度的本质就是依靠规则办事。红色文化当中蕴含了许多中国共产党党内的规章制度文化，比如红军的规矩和纪律。1927 年 9 月 9 日，毛泽东领导的湘赣边界秋收起义第一次打出工农革命军的旗帜。随后，毛泽东率领队伍到达三湾并进行了改编，改编后这支不足千人的部队奔赴井冈山。途中，毛泽东为这支属于共产党自己的部队定下了这样的规矩，分别是"行动听指挥，不拿老百姓一个红薯，打土豪要归公"。这个规矩就是红军著名的"三大纪律八项注意"中的"三大纪律"的雏形。红军靠着铁一样的纪律和密切联系群众的优良作风，最终取得了革命的胜利，诠释了什么是规则意识和法治精神。弘扬这样的红色文化，有助于激励现代公民自觉尊重法律和遵守规章制度。

（二）地方红色文化融入农业职业院校思政课程研究

红色文化具备重要的国家治理的功能，其中一个很重要的功能就是培养推进中国式现代化的合格公民，在校大学生正是我国现代化发展中的储备人才和中坚力量，因此，加强对大学生的红色文化教育尤为重要。习近平总书记指出："加强革命传统教育、爱国主义教育、青少年思想道德教育，把红色基因传承好，确保红色江山永不变色。"[1] 高校思政课教师承担着铸魂育人的使命，除了要讲好宏大叙事的红色文化、红色故事，还要注重收集和讲述地方红色文化。地方红色文化是基于本地红色资源形成的具有地方特点的文化，是全国红色文化的拓展和补充。地方红色文化因其地域性和独特性，对大学生思想政治教育具有天然的优势和特殊的功能。

1. 地方红色文化融入农业职业院校思政课程的意义

地方红色文化与思政课程的教育内容和目的存在着高度融合交叉的内容，二者之间是互相促进和互为补充的关系。地方红色文化能够给思政课程教学提供案例素材，丰富教学的内容与形式；思政课程教学可以系统性地整合地方红色文化，进一步深化和弘扬地方红色文化。

就农业职业院校而言，将地方红色文化融入思政课程不仅仅是化解当前大学生群体思想问题的现实需要，更是强化思政课程立德育人、培育国之栋梁功能的迫切需要。从社会经济发展来看，新时代的大学生大多都生活在物质条件优渥、娱乐风气正盛的环境当中，他们喜爱休闲娱乐，缺乏苦难教育和严肃的历史教育，所以很难对中国革命历史当中的前辈先贤们所遭受的苦难感同身受，他们对红色文化的共鸣也远不够深刻和强烈。从社会思潮来看，随着社会发展和社会意识的多元化，加之信息化时代大背景的助推，不良思潮正在逐步地侵蚀我们的大学生群体，比如享乐主义和消费主义思潮的崛起、校园泛亚文化的流行、功利主义思想的盛行等，无不影响和塑造着大学生的世界观、人生观和价值观。这种思想领域的腐化和堕落是极其危险的事情，甚至会影响到整个国家和中华民族的未来。因此，加强对大学生群体的思想政治教育是当务之急。但是，当前的思政课普遍存在着内容枯燥和理论抽象的问题，因而，思政课所发挥的教育功能

---

① 郭荣春，吴锋. 讲好革命故事 传承红色基因 [N]. 解放军报，2022-06-06（7）.

远没有达到理想的成效。此时，将地方红色文化融入职业院校的思政课程当中就显得尤为重要。

首先，将地方红色文化融入思政课程应当以英雄人物、革命烈士、劳动楷模等先进人物为榜样引领，通过讲述他们的事迹和带领学生参观当地的纪念馆、博物馆等红色基地，让大学生深入了解那个时代的青年人的理想信念及为之付出的行动，从而思考自己应当肩负的使命。通过先进人物的真实事例来树立榜样，以史育人、以情动人，激励青年大学生向他们学习，弘扬社会正气。其次，将地方红色文化融入思政课程应当运用创新的教学方法和教学手段，在课堂上，让学生成为课堂的主人，以小组为单位来讲述和讨论历史故事，加深学生的记忆；在课堂下，可以组织和举办红色活动，如红色讲座、诗词大会、知识竞赛等，增强学历史的趣味性。此外，还可以借助 VR 虚拟现实技术重现精彩的历史片段，让学生们"身临其境"地感受革命年代的生活艰辛和革命先辈的英勇壮举，增强思政课教学的吸引力和感召力。

2. 地方红色文化融入农业职业院校思政课程的基础分析

在民主革命时期，我们党建立了许多农村革命根据地，为了保卫这片红色土地，革命前辈付出了巨大的代价，出现了许多可歌可泣的英雄事迹，形成了丰富的地方红色文化。地方红色文化浓缩着光荣的地方革命历史，这种红色文化有着显著的区域性和独特性。

镇江既是一座国家历史文化名城，也是一座红色革命老城。1938 年，陈毅、粟裕率领新四军挺进茅山地区，创建了敌后抗日根据地，镇江这片红色热土上燃起了熊熊的革命烽火。镇江大地上涌现出了许多杰出人才，譬如为铁道科学技术进步做出卓越贡献的土木工程学家茅以升。改革开放以来，优秀的共产党人带领镇江人民拼搏奋斗，譬如"时代楷模""全国脱贫攻坚楷模"赵亚夫，引领农民走互助合作道路，带领农民致富，实施乡村振兴战略。历史和实践证明，镇江的无数英雄儿女为了民族独立、国家富强和人民幸福而不懈奋斗，献出了青春和生命。他们留下了大量珍贵的红色文化资源，这些红色文化资源不仅包含了丰富多样的物质文化资源，而且蕴含着底蕴深厚的非物质文化资源。

首先是丰富多样的物质文化资源。物质文化资源主要是指红色革命文物及红色基地，主要分布于镇江的东部、北部和西南部。根据资料统计，镇江有100多处红色文化遗产，37家红色教育基地，40多处纪念馆或红色遗址。从中国共产党成立之日算起，在镇江牺牲的本地革命烈士和外省籍革命烈士留下姓名的就高达3000多人，诸如巫恒通、郭纲琳、李培根、王培英等，这些烈士的遗物和事迹是地方红色文化的重要组成部分。作为抗日战争时期新四军在华中最早开辟的战略区之一，镇江拥有许多有关抗战的红色基地，比如镇江烈士陵园、新四军韦岗抗战纪念馆、茅山新四军纪念馆、新四军江南指挥部纪念馆、苏南抗战胜利纪念碑等。作为解放军在渡江战役中的"跳板"，镇江这座城市在解放战争中发挥了不可替代的作用，因而有了扬中市渡江文化公园。镇江这些丰富的物质文化资源为农业职业院校的思政课程提供了生动的素材，不仅可以丰富课堂内容，而且可以带领学生实地参观学习。

其次是底蕴深厚的非物质文化资源，主要是指红色精神资源。镇江的红色精神不仅有革命年代的新四军"铁军精神"，还有改革开放之后的"亚夫精神"。新四军"铁军精神"诞生于抗日战争时期的茅山革命根据地，现主要以茅山新四军纪念馆为主要载体面向社会呈现。中国共产党在北伐战争时期开创了国民革命军第四军"铁军精神"，到了抗日战争时期，面对新的作战任务和更加复杂的革命形势，新四军克服重重险阻，形成了更加坚强的"铁军精神"，在茅山革命根据地，留下了无数英勇奋斗的战斗事迹。这种坚定不移的奋斗信念、不畏艰难的作战意志和坚如磐石的团结统一，在新时代依然闪耀着激励人心的红色光芒。赵亚夫在投身农村、带领农民致富的过程中形成的"亚夫精神"，也成为镇江宝贵的红色精神资源。这些红色精神共同构成了镇江丰富的非物质文化资源。这些红色精神当中所蕴含的革命斗争精神、为人民服务的宗旨，以及实现共产主义的伟大理想，都可以引入思政课堂，从而加强对学生的理想信念教育和党史学习教育。

3. 地方红色文化融入农业职业院校思政课程的实施路径

通过前文对镇江红色文化融入农业职业院校思政课程所做的基础分析可以得出结论，镇江的红色文化资源中不仅拥有丰富的物质文化资源，而且具备底蕴深厚的非物质文化资源，对思政课的课程建设具有极大的理论价值和实践价值。因此，农业职业院校应当加快将镇江的红色文化资源融入思政课教学，提高思政课教学的质量。对于如何将镇江红色文化融入职业院校思政课程的路径问题，许多学者也做出过诸多探索和研究，主要是从教学形式着手，分析课堂教学和课外实践的路径。在此，以教学方法为重点，以"亚夫精神"融入"毛泽东思想和中国特色社会主义理论体系概论"（以下简称"概论"）课程为例，探索地方红色文化融入农业职业院校思政课程的实施路径。

首先是将理论教学和案例教学相融合。思政课教师可以将"亚夫精神"的内容和概论课程的相关知识点相融合，用鲜活的案例来解释抽象的理论，丰富教学内容。"亚夫精神"指的是"全国脱贫攻坚楷模"赵亚夫扎根茅山革命老区 60 余年，带领当地农民走出了一条科技兴农、以农富农之路的奋斗、为民、创新、付出的精神。这种红色精神可以和习近平新时代中国特色社会主义思想的相关内容进行联系。比如在讲授"四个全面"战略布局之"全面建设社会主义现代化国家"的时候，可以播放《赵亚夫》这部电影，让学生感受真实的"亚夫精神"。凭借着对党的事业的忠诚、对脱贫工作的热爱、对群众的真诚，赵亚夫同志从 20 岁参加工作起就投身田间地头，深入茅山老区和传统农区，推广农业"三新"（新技术、新品种、新模式）面积 250 多万亩，受益农户达到 16 万户，盈利增收达到 300 多亿元。可以说，赵亚夫带领农民群体走出了一条小康之路，实现了脱贫致富。赵亚夫作为一名共产党员，践行了自己的使命担当；作为一名农业科技工作者，承担了艰巨的工作责任；作为一名领导干部，书写了为民服务的赤子情怀。这种鲜活的案例和红色精神，可以为理论学习提供生动的解释。

其次是将理论教学和实地调研相结合。除了在课堂当中讲述理论知识和案例素材以外，思政课教师还应该把教学过程移到"田野"当中，根据学生的专业，开展一系列的思政实践活动，增强学生的体悟认知。赵亚夫通过创新发展高效农业，让一部分农民先富了起来，再通过集中经营、市场化运作，带动了广大农民的共同富裕。如今，他已是耄耋之年，但每周还要到戴庄村田里两到三次，研究新技术、推广新模式、培养新农民，带领更多的农民走上共同富裕道路。思政课教师可以带领农业园林相关专业的学生参观赵亚夫主持建立的农业示范园、有机农业合作社，以及他倾注了心血的戴庄生态农业生产基地，让学生在实践过程中深刻理解大国"三农"的具体国情，学习"亚夫精神"，加深对自身专业的热爱，培养为人民服务和为农业现代化贡献力量的正确三观。还可以带领其他专业的学生参观赵亚夫事迹馆，甚至可以邀请赵亚夫老先生开展讲座，让学生近距离领略赵亚夫不忘初心、牢记使命、扎根农村、一心为民的榜样力量。

除此之外，还可以探索"以史育人"和"以情动人"相结合、静态教学和动态教学相结合等方法，让学生熟悉学校本土的红色文化，提高学生对学校思政课程的兴趣和认可度，使其主动去学习更广泛的红色历史和更深刻的政治理论，从而坚定中国特色社会主义道路自信、理论自信、制度自信、文化自信。可以说，"亚夫精神"是镇江极其宝贵的红色文化资源，是红色文化和乡村振兴融合的典型案例，是地方红色文化走进思政课的珍贵范本。让"亚夫精神"走进思政课堂，开展"学亚夫、做亚夫"的思政社会实践对于弘扬红色文化、铸魂育人有着深刻意义，应当成为镇江市属地高校思政课程研究改革与实践的重要方式之一。

二、着眼于"绿"拓展研究

(一)"大国小农"基本国情研究

中国自古以来就是一个农业大国，革命斗争年代，中国共产党领导工农运动，开展土地革命；新中国成立后，中国共产党领导农民重整山河，开展生产建设；改革开放之后，中国共产党领导农民实行家庭联产承包责任制，不断解放和发展农村生产力；进入新时代，党和国家把解决"三农"

问题作为重中之重的任务对待，开展脱贫攻坚工作，实施乡村振兴战略。

《"十四五"推进农业农村现代化规划》（以下简称"《规划》"）指出，农业家庭经营占主导地位，"大国小农"基本国情、农情将长期存在。这种基本国情的特点有4个：第一，农村土地农民集体所有、家庭承包经营的农村基本经营制度。第二，超大规模人口、超大规模农产品需求的现实。第三,农民数量众多且流动性强。第四，人均水土资源匮乏且适配性差。[①]《规划》明确了"十四五"时期，"三农"工作重心历史性转向全面推进乡村振兴，加快中国特色农业农村现代化进程。到2025年，农业基础更加稳固，乡村振兴战略全面推进，农业农村现代化取得重要进展。梯次推进有条件的地区率先基本实现农业农村现代化，脱贫地区实现巩固拓展脱贫攻坚成果同乡村振兴有效衔接。

（二）地方文化助力乡村振兴研究

习近平总书记强调："民族要复兴，乡村必振兴。"党的十九大将乡村振兴上升为国家战略，乡村振兴战略的实施是党和国家推动乡村地区经济发展、解决"三农"问题的重大举措，事关中华民族的伟大复兴。但是乡村振兴如果只有经济的视角而没有社会的、文化的视角，则会给乡村带来巨大的风险。党的十九届五中全会将"建成文化强国"作为2035年远景目标之一。在这样的背景下，探寻地方红色文化与乡村振兴的融合发展规律，对发掘乡村经济、文化振兴之路径具有重要意义。

1. 地方文化是乡村社会经济发展的有力抓手

红色文化的物质文化资源能够形成极富特色的产业资源，有利于推动产业发展，加快产业现代化多元化发展，进一步助推第三产业发展。应在乡村振兴战略中挖掘开发红色文化，把红色文化转变为具备地方特色的优势产业。要在产业发展过程中，把红色文化逐渐融入经济发展的各个环节，激活经济发展的动力；把弘扬传承地方优秀红色文化与经济发展有机融合、

[①] 国务院关于印发"十四五"推进农业农村现代化规划的通知［EB/OL］.（2021-11-12）［2023-02-25］.https：//www.gov.cn/gongbao/content/2022/content_5675948.htm.

相互促进。发展乡村红色文化产业，既能促进农村地区经济、文化、社会、生态等方面全面改善，全面推进乡村振兴，又能使人民对美好生活的需求得到更好满足。

2. 地方文化是乡村精神文明建设的重要依托

文化是一个国家的软实力，地方文化则是一个地方精神文明的象征，是进行乡村精神文明建设的重要依托。挖掘地方文化，尤其是红色文化，有助于弘扬新时代正气，提高农民群体的思想政治觉悟。农业职业院校的思政课教师应当积极组建宣讲团，深入农村地区，进行理论知识和红色精神宣讲。通过讲述革命遗址的厚重历史、革命先烈的感人事迹，让人民群众感悟中国共产党的光辉历程和劳动人民的伟大精神，在加强红色文化保护开发的基础上，助推乡村文化振兴。拥有红色文化的乡村，能激励人心，鼓励优秀人才投身于乡村振兴建设。挖掘和利用红色文化能创造多元化就业岗位，有利于促进农民工返乡创业，促进农村稳定发展。

3. 地方文化是乡村生态环境保护的思想引领

乡村振兴离不开美丽乡村建设。建设美丽乡村就要有良好的生态环境和村容村貌，这既是美丽乡村中村民幸福生活的体现，也是加强农村精神文明建设的重要标志。美丽乡村建设需要具备生态宜居的良好环境。乡村生态宜居不仅包括蓝天、绿水、空气清新的自然生态环境，还包括安全、便利、和谐的社会人文环境，让乡村真正成为兼具自然生态和文化生态的宜居之地。营造文化生态环境需要积极挖掘红色文化，对红色文化的教育功能进行合理利用，将红色文化融入农民群众生活当中，激发广大群众的思想共鸣，形成农民群众争做生态环境保护者、移风易俗倡导者、文明新风推动者的局面。

4. 地方文化是乡村基层组织建设的有效载体

实现乡村振兴离不开有效治理。只有有效的乡村治理，才能为乡村振兴打好基础，才能使乡村和平繁荣、人民安居乐业，而有效的乡村治理离不开基层党组织的领导。要推动党员在乡村治理中示范在前、行动在先，创造基层党建引领社会治理的新格局，切实把农村基层党组织建成坚强的战斗堡垒。要树立起党员与广大农村群众同甘共苦、建设美丽乡村、共创美好生活的坚定信念，弘扬红色文化价值，增强乡村基层党组织的战斗力。要把红色文化实践活动纳入村级党群活动中，促进农村基层党组织组织力的提升，使党建与社会治理深度融合，为基层社会治理提供坚强的组织保证。例如创新开辟红色文化微课堂、红色乡村大讲堂等平台，传递党的声音。要发挥乡村各类组织和群众的主观能动性，收集村民的意见建议，回应和解决热点难点问题，以红色文化价值凝聚乡村奋进力量，创造乡村持续发展的光明未来。

在乡村振兴战略的实施过程中，应当深入挖掘特色红色文化，将红色文化融入乡村振兴发展中，为实现"产业兴旺、生态宜居、乡风文明、治理有效、生活富裕"的美好愿景添彩。应借助红色文化，打造红色产业，结合本地区红色资源的现实情况，在"红色+"上下功夫，积极打造"红色文化+特色农业+美食+休闲旅游+民宿"的全产业链发展模式，推动农村一、二、三产业融合发展，把红色资源转变为火红产业，奋力建设农业强、乡村美、农民富、精神正的美丽乡村。（1）发展红色旅游。充分体现红色教育功能，发挥红色旅游景区、党性教育基地等优势，推出极具红色教育及党性教育内容的旅游线路，有效推动文化旅游产业和乡村经济发展。（2）做好红色文化融合。促进物质文化资源和非物质文化资源的深度融合，带动红色文化发展，开展红色文化创意产品大赛，举办红色文创产品集市，依靠市场力量甄选出一批有市场、有创意的红色文创产品，带动旅游消费，促进产业良性发展。（3）讲好红色故事，增强红色文化感召力。深入挖掘红色文化的深刻内涵和时代价值，将红色文化的物质资源与非物质资源融合，形成主题鲜明、导向正确、内涵丰富的红色教育范本。通过讲述红色故事的方式，着力增强广大民众的参与感和体验感，让广大人民群众不忘历史，激发出其为实现美好生活而不懈努力的斗志，实现红色基因代代传承。

（三）农业职业院校服务乡村振兴研究

农业职业院校作为普通高等学校，不仅承担着为党育人、为国育才的教育使命和科学研究、理论创新的研究职能，而且承担着指导社会、服务社会的社会责任。职业院校，相比于本科院校，培养了更多的国家发展所需要的技能型人才，更加强调面向市场和充分就业。所以，一般而言，职业教育是与国家经济发展联系最为直接的教育类型，农业职业院校则是和乡村地区发展联系最为密切的高等院校。乡村振兴战略既是我国农业经济发展的重大历史机遇，也为农业职业院校服务乡村地区发展带来了新的契机，同时还为农业职业院校的人才培养提供了广阔的舞台。

为了推动高校深入服务乡村振兴战略实施，教育部于2018年年底印发了《高等学校乡村振兴科技创新行动计划（2018—2022年）》（简称"《计划》"），其中总结了高校服务乡村振兴的七大行动：第一是科学研究支撑行动，第二是技术创新攻关行动，第三是能力建设提升行动，第四是人才培养提质行动，第五是成果推广转化行动，第六是脱贫攻坚助力行动，第七是国际合作提升行动。《计划》规划通过5年的时间，培养造就一支懂农业、爱农村、爱农民的人才队伍，提升高校服务乡村振兴的创新能力和质量[①]。

1. 农业职业院校服务乡村振兴的基本思路

农业职业院校必须准确把握"为谁培养人、培养什么人、怎么培养人"这个教育的根本问题，这也是农业职业院校服务乡村振兴的基本思路。我们要坚持为党育人、为国育才，坚持社会主义办学方向，培养国家发展、乡村振兴所需要的人才——既要培养学生的基础知识和专业技能，更要培养学生的家国意识，打造一批爱党爱国爱人民的人才队伍，让学生将学到的本领真正应用于服务乡村振兴战略。

2. 农业职业院校服务乡村振兴的根本归宿

职业院校不仅承担着教育和科研的功能，而且承担着服务区域经济发展的重要职责，根本归宿在于推动国家和社会发展。而农业职业院校更是直接和乡村振兴密切相关，因此，农业职业院校应当以服务乡村振兴为重

---

① 教育部关于印发《高等学校乡村振兴科技创新行动计划（2018—2022年）》的通知[EB/OL].(2018-12-29) [2023-03-25].http://www.moe.gov.cn/srcsite/A16/moe_784/201901/t20190103_365858.html.

点内容和根本归宿。首先，要面向农村地区，培养大量优秀的农业技术型人才。其次，要面向当地的农民，开展技能培训和知识教育，提高农民的综合素质。最后，要充分发挥高校的科研职能，鼓励教师进行乡村振兴战略方面的研究，包括产品研发、课题研究、技术大赛等。通过这些方法，农业职业院校可切实提高服务乡村振兴的速度和质量。

3. 农业职业院校服务乡村振兴的实施路径

第一，加大人才培养力度。根据乡村振兴战略实施过程中产生的人才需求，确定学校的专业人才招生人数和培养方案。在培养方式上，积极探索将学历证书和职业技能证书相融合的模式，鼓励根据当地农业生产特色，创新多种模式相结合的人才培养模式。实行线上教学和线下教学相结合、课堂教学和田野教学相结合的教学方式，让学生在做中学，切实提高实践操作水平。鼓励学生参加职业技能培训比赛，打造一批高素质的新型职业农民。

第二，丰富课程教学资源。校企合作建立服务乡村振兴战略的课程体系，打造开放共享的教学平台和丰富优质的资源库。在"互联网+"大背景下，大力开发可资学习利用的数字化课程资源，开发实用性强和指导性广泛的职业培训课程。通过线上培训和线下指导相结合的方式，更加便捷、广泛地培养人才，加大优质资源的普及力度和受益面积，让更多的农民受益受惠，得到学习和提升。

第三，加强乡村振兴理论研究。实行政校企三方联动，打造集"三农"人才培养、实践指导和理论研究三位一体的综合平台，以本地"三农"发展的需求为导向，在实地调查的基础上，加大理论研究和理论创新，为乡村振兴发展奠定坚实的理论基础。一方面，要引进高层次人才，将优秀的人才资源转化为农业发展的智力优势；另一方面，要开展院地交流合作，共同进行农业发展的理论研究和实践指导。此外，还可以充分发挥农业职业院校产教融合的办学优势，政企共建乡村振兴学院，创建涉农科研团队，推动区域产业转型升级。

三、建设研究基地和研究团队

（一）实训基地建设

为深入贯彻落实习近平总书记在学校思想政治理论课教师座谈会上的重要讲话精神，推动思政课改革创新，坚持理论性和实践性相统一，推动思政课实训基地的建设是高校思政课实践教学创新之举。学校马克思主义学院充分整合思政课实践教学资源，积极建设、拓展"红""绿"融合式思政课社会实践基地。马克思主义学院始终秉持学校办学方向，以服务"三农"为宗旨、能力培养为关键核心、走产学研一体化职业教育之路的办学理念和"课堂移村口、师生到田头、成果进农户、论文写大地"的践行思路，在农村、田间、农户、农场等建设了一系列现代农林思政课教学的实训基地，同时建成 VR 系统，打造有深度、有力度、有温度的"红""绿"思政实践育人模式。

学校整合各方力量，开发红色资源、建设红色场馆、打造红色 VR、开启红色研究、传承红色基因，用红色文化提升立德树人实效。

建好红色展馆，为理想信念助力导航。马克思主义学院整合多部门力量，高标准建设了"党史中的口号"和"中国精神"两个展览室。展览室展示了党将一句句口号化作一个个行动、成就一个个辉煌的光荣历史；呈现了一种种精神引领一次次奋斗、实现一次次飞跃的伟大历程。马克思主义学院组建优秀讲解服务团队，为全校师生参观学习时服务。此外，马克思主义学院还定期开展红色文化宣传教育，营造良好的育人氛围。

打造红色 VR，为思想政治教育添彩增光。马克思主义学院积极整合地方文化资源，选取"下蜀破袭战""韦岗战斗"等茅山抗日根据地的历史资源和红色故事，开发建设了"韦岗战斗""新四军铁军精神"交互式 VR 系统。系统建成以来，教师们苦练 VR 操作技术，学生们沉浸于 VR 情境之中，大家从新颖的教学方法和载体中获得了全新的体验和深刻的启迪。

深化红色研究，为立德树人积蓄力量。马克思主义学院成立了红色文化研究中心。研究人员就"四史"、地域红色文化、茅山革命根据地、茅山老区、新四军文化、红色诗词、"红""绿"融合式思想政治教育模式等问题组建研究团队、聚合研究资源、申报科研课题、撰写研究论文、参加研究会议，并与茅山新四军纪念馆、新四军韦岗抗战纪念馆建立了良好的合作关系。红色文化研究为马克思主义学院立德树人工作积蓄了蓬勃力量。考察革命根据地是提升高等职业学校思政课实践教学实效的有效路径，是广大青年学子增长见闻、认识世界的有效渠道和方式。但是在选择考察目标时，地点最好因地制宜。学校地处江苏省句容市，紧邻南京，红色资源丰富，在思政课实践教学中可根据实际情况，选取紧密联系理论教学的考察场馆，做好实践教学与理论教学的呼应。

马克思主义学院思想政治教育坚守高等农业教育"绿"色阵地，紧密对接本地农业，立足以涉农专业为特色的多学科、综合型专业。学校是中国特色高水平高职学校（A档）建设单位、中国现代农业职教集团牵头单位，以农、林、牧专业及其所属的专业群为依托、以校园和校办农场为载体的农、林、牧类实训基地已初具规模。学校建有江苏农博园、江苏茶博园两大校内实训基地，也是现代农林思政课教学的实训基地。基地建有作物生产、园林工程、畜牧生产和食用菌生产等5个教学工场和植物工厂化育苗、植物保护、农业物联网应用等6个实训中心，建有国家南方丘陵地区牧草种子繁育基地、国家南方乡土树种良种繁育基地、江苏省现代园艺工程中心、江苏省茶业科技创新公共技术服务中心等24个重点产学研平台。实训基地现已成为融思政课教学、教学实训、科技研发、成果转化、科普教育及休闲旅游于一体的综合性平台。

学校马克思主义学院建立了思政课沉浸式VR实训室和思政实训中心，建成了党史学习教育展览馆、研讨实训室、法治教育实训室、传统文化实训室、协同创新实训室等。思政课沉浸式VR实训项目由马克思主义学院思政课教师自主设计，研发出以学校所在地句容茅山新四军红色故事为背景原型的"韦岗战斗""新四军铁军精神"VR实训项目等，把思想政治教育理论、红色文化、道德榜样、乡村振兴实践、优秀传统文化结合起来，通过沉浸式虚拟现实系统，让学生体验、认知、感悟、认同和接受，并在不知不觉中产生"现实"震撼和情感共鸣，增强思政课的教育教学效果。其中，"韦岗战斗"VR项目通过沉浸式VR的应用，在特定课程中，结合特定的知识点，营造交互式学习氛围，帮助学生"身临其境"地体验，实现激发兴趣、拓宽视野、增进认识、理实结合、知行合一，提升思政课教育教学成效。"新四军铁军精神"VR项目遵循"整合资源、虚实互补"的建设理念，充分利用信息技术，通过信息化平台融合现有教学资源，取得了较好的实训效果。"韦岗战斗"和"新四军铁军精神"VR项目坚持以学生为本，突出专业特色，虚实结合，提高了学生学习的主动性和专业实践能力。结合沉浸式VR技术，能够增强学生的参与感和教学的趣味性，有效提高学生学习的参与度和积极性，提升思政课实践教学效果，激发学生学习热情，帮助学生在传统教学过程中及课后继续深化学习和思考，优化学习实效，实现互利共赢。

（二）网络阵地建设

习近平总书记在全国高校思想政治工作会议上指出，要运用新媒体新技术使工作活起来，推动思想政治工作传统优势同信息技术高度融合，增强时代感和吸引力。思想政治教育的隐性教育阵地是新媒体，它有着区别于传统思想政治教育载体的特别优势。要构建有活力、有实效性的"大思政"教育格局，必须要特别重视思想政治教育网络阵地的建设。学校马克思主义学院通过推出网络放映室、"农林马院"（原为"农林思政"）微信公众号，建立VR体验馆和思政课专项互联网平台，开设泛雅平台的思政类慕课，出版《思想政治理论课实践教程》（含电子版），提供情景剧表演光盘、百度云盘备课资料，自主设计研发以学校所在地句容茅山新四军红色故事为背景原型的"韦岗战斗""新四军铁军精神"VR实训项目等，变抽象的教材知识为接大学生思想"地气"的网络教学内容。

网络放映室"红色影院"走进课堂。利用多媒体技术打造的"红色影院"放映厅是思政课加强大学生革命传统教育的实践教学基地，放映厅共搜集整理有100多部红色经典电影视频资源，思政课授课教师根据授课要求，选取相关经典影片让学生观看，并组织学生通过写观后感、讨论、演讲等形式，学习和弘扬革命传统文化。

VR情境教学走进课堂。目前，虚拟仿真情境教学已经成为许多职业院校思政课改革的一大亮点。马克思主义学院VR体验馆拥有农林牧类、思政类等资源，将VR技术与传统教育融合，借力体验馆VR技术，将党史、党章和红色故事等以更加生动的形式展现出来，改变了平时枯燥的理论学习模式，增强了党史和党章的吸引力和感染力，让学生体验虚拟教学场景的现代性、创新性、科技性，让学生"身临其境"地感受红色故事现场情境，达到传统多媒体课堂不能实现的实践教学效果。

立足"微"的优势，实现"潮"的引领。依托"农林马院"微信公众号，师生深度合作，共同策划主题，编发红色文化、传统文化、乡村振兴、社会实践、学生成长等各类优秀作品，实现思想引领、朋辈教育，立足"微"的优势。用新颖的形式实现教师与学生、理论与实践、线上和线下、工作与宣传的良性结合，提升思政教学实效性，实现"潮"的引领。

推动思政课专项互联网平台的建立。用好"网"的平台，创新"教"的形式。建好两门思政类MOOC或SPOC（Small Private Online Course，小规模在线课程），讲好红色理论，融合绿色元素，配合线下主课堂，彰显农林品位，用好"网"的平台。整合信息技术优势，拓展学习平台，推进"红""绿"融合式教学法，建设"互联网+"教学平台，关联思政小课堂和社会大课堂，打造VR实训系统，提升思政课魅力，创新"教"的形式，建立红色文化人文实践教学基地和以新媒体为平台的网络实践教学基地。互联网对学生的影响力不容忽视，建立思政课专项互联网平台可以更好地方便师生交流、资料整理和学生课下学习。

马克思主义学院和其他二级学院共同促进思政课网络教学的发展与创新。突出思政课教育与教学的"三个贴近"，不断探索新时期高职院校思政课理论教学与实践教学相结合的各类规律，在实践教学改革方面积极探索高职院校思政课社会实践教学的规律，有效整合思政课的各类实践教学资源。

（三）研究团队建设

习近平总书记在学校思想政治理论课教师座谈会上提出思政课教师要做到"六个要"，思政课要坚持"八个一"，为新时代高校思政课的改革创新指明了方向。思政课教学科研团队是实现资源优化配置、提升教学科研水平、促进交流协作的有效形式。只有充分发挥教学科研团队的作用，高校才能更进一步加强和改进新时代高校思政课教学效果。组建高校思政课教学科研团队，是提升思政课教师科研能力和教学水平的有效措施。当前高校思政课教学科研团队建设发展不太均衡，一些团队存在定位不准确、方向不明晰、结构不合理、协作不充分等一系列问题。高校思政课教学科研团队要融合形成凝聚力和自身特色，需不断加强顶层设计和整体规划，重视带头人的培养、遴选和管理，优化团队的年龄结构和学科结构，健全和完善评价与激励机制，形成合作氛围，培养团队精神，促进各成员之间的交流合作。

马克思主义学院建强"专"的队伍，优化"兼"的阵容。马克思主义学院积极建好建强思政课教师队伍，鼓励引导思政课教师深入学习中国农业文明、农耕文化、乡村振兴战略和"三农"理论政策，锻造"农"字牌思政课教师，建强"专"的队伍。马克思主义学院统筹"八支队伍"，邀请农业专家、专业课教师等走上思政课讲台，共建思政课"专业案例库"，共同备课、共同协作，优化"兼"的阵容。

唱响"红"的旋律，做好"绿"的文章。马克思主义学院依托"双高"平台，传承红色基因，唱响"红"的旋律。学院开设涉农思政类选择性必修课，或乡村振兴、农业农村现代化等"三农"专题课程，聘请农业劳模、"三农"专家、优秀校友给学生讲信仰、讲选择、讲奋斗，深入开展思政课社会实践，做好"绿"的文章。

马克思主义学院"红""绿"融合式思想政治教育研究团队围绕目标定位与特色方向进行顶层设计和战略规划。在规划设计中，团队做到知己知彼、扬长避短，有所为有所不为，依托农业院校的优势资源和特色资源开展学术研究和教学改革，形成自己的核心竞争力和社会影响力。为了加强顶层设计和整体规划，学校和马克思主义学院可以邀请、组织相关专家对团队的现状进行评估，明确发展目标和发展思路，帮助制订发展规划，并根据发展目标和发展规划制定配套措施，发挥资源配置和成果资助的导向性作用，引领团队成员向特色方向汇聚，集中优势力量在主要方向上首先取得突破，然后通过以点带面实现全面发展。马克思主义学院在思政课教育教学管理中，加强师德师风建设，引领教师强化责任担当意识；邀请柔性人才及茅山新四军纪念馆等单位的专家到学院进行科研、党史方面的专题讲座。

四、打造研究品牌和学术阵地

（一）巩固现有研究成果

马克思主义学院依托省重点专业群建设，在教改课题"思政课'红''绿'融合教学改革与实践"研究的基础上，确立了思政课程与专业课程融合发展的教学改革理念。经过 5 年的探索，学院形成了农业职业院校思政课程与专业课程"红""绿"融合教学改革的教学成果，并在 6 年的实践中，接受检验、加以改进、不断完善，坚持守正创新、注重特色发展。农业职业院校的思政课与思想政治教育问题除了职业院校的"通病"之外，还存在自身特有的"症状"。为此，我们分步骤、有重点地推进研究、探索、实践，取得了明显的实效。

1. 成果起步：实施"红""绿"融合的思政课教学改革

2012 年，思政部在总结前期经验的基础上，申报了"思政课'红''绿'融合教学改革与实践"校级课题，开展了初步的研究。一是开创了"红色情景剧"教学法，排演《红灯记》《沙家浜》等红色情景剧，让爱国主义、家国情怀为学生成长成才引航助力。二是在校外的一些红色场馆（如茅山新四军纪念馆、沙家浜革命历史纪念馆等）和绿色乡村（如华西村、戴庄村等）共建实践教学基地，"红"与"绿"的特色在思政课实践教学方面初步显现。三是红色主题手抄报制作、红色影视观影、红色影视配音、新农村考察、校友创业基地观摩、现代农场参观等"红"与"绿"的实践活动开始纷纷开展，形式多样，特色分明。在此基础上，思政部形成了独具特色的思政"132"教学模式（指围绕社会主义核心价值观1条主线，开发立体化教学资源，实施线上线下、实践理论、认知行为3方面结合，建立知识与行为2项考核的评价机制），历经几年积淀，该教学模式获得了校级教学成果一等奖。

2. 成果形成：思政课程与专业课程合作育人

纵使思政课被称为育人"主渠道"，但专业课仍然是每一个学生课程学习的主体，专业课教师是学生接触得最久、最多、最频繁的群体，如果不充分发挥专业课教师的作用，就不能形成育人合力。基于这种判断，思政部提出了"思政+"行动计划，在学校相关部门的支持下，着眼于凝聚思政课程和专业课程的合力，实现"红""绿"融合发展。目前，融合发展局面逐步打开，成效逐渐显现。个别思政课教师先行先试、做出示范，在教学活动中邀请专业课教师"客串"，令学生耳目一新，然后推广开去。思政部与部分院系，如与风景园林系（现风景园林学院）、畜牧兽医系（现畜牧兽医学院）、生物工程系（现茶与食品科技学院）进行紧密合作，教师互派、活动共建、资源共享，课堂内外经常出现双方合作的身影。例如，在前往华西村开展的思政课实践教学中，思政课教师进行改革开放、共同富裕方面的价值引领，专业课教师则进行园林规划、植物保护方面的专业讲解；在中山陵，思政课教师讲解近代以来的革命历程和蕴含的革命精神，专业课教师则讲解植被垂直分带、植物病虫害防治；等等。思政课教师与专业课教师合作频频，效果彰显。在此期间，思政部主动将所有思政课教师"分配"到特定系部，系部与思政课教师之间有了较为稳定的合作。再后来，思政课教学中有了更多专业课教师、农业劳模、优秀校友的参与，效果良好；专业课中，思政课教师也能对职业道德、工匠精神等进行"助讲"，令人眼前一亮。此时，包含理念、方法、资源、保障在内的成果已经成形。

3. 推广应用：思政课程与专业课程"红""绿"融合教学改革的升华和拓展之路

2016年下半年开始，思政课教师和专业课教师"红""绿"融合教学改革开始全面实施。随着年底全国思政工作会议的召开，"课程思政"成为最为时髦的词汇。此时，我们发现，之前探索的过程和"课程思政"建设竟然不谋而合。随着课程思政在全校铺开，"红"与"绿"、思政课程和专业课程、思政课教师和专业课教师合作的广度与深度明显延伸与拓展，合作的成效显著增强。思政课教师深入参与专业课程的开发，助力畜牧兽医学院"鱼类增养殖技术"、茶与食品科技学院"仪器分析"两门课程同时成为教育部首批课程思政示范课程，以及大批课程成为省级、校级课程思政示范课程。在此期间，依托一系列保障文件，双方共建团队、资源、内容，共享平台、信息、机遇。专业课"红"的味道越来越浓，思政课"绿"的特色也愈加显著。在此基础上，我们成功申报了江苏省思政课改革创新示范点项目和教育部思政课择优推广项目。"红""绿"携手的成果也得到了广大师生、兄弟院校、用人单位和新闻媒体的认可。

历经深入研究、科学谋划、系统推进，我们在教学理念、特色课程、教学方法和保障体系方面形成了一整套行之有效的举措与经验。

4. 确立了农业职业院校"红""绿"融合的教学改革理念

基于显性教育和隐性教育相统一的理论，我们确立了农业职业院校"红""绿"融合的教学改革理念，即使思政课程融入专业元素、专业课程融入思政元素，让专业课教学守住"红"的底色、弘扬"红"的精神，让思政课教学出现"绿"的身影、彰显"农"的情怀。

5. 建成了"红""绿"融合的农林特色课程

特色标准引领：在课程标准中的目标、内容和考核等板块，做到思政课程与专业课程的元素融合，把植物保护、园林审美、农产品质量安全等专业元素融入思政课程标准，把文化自信、法治思维、民族精神等思政元素融入专业课程标准，使"红""绿"融合理念有规可循。

教学内容拓新：根据课程标准整合教学内容，在思政课教学内容中引入农业、园林等专业案例，在专业课教学内容中引入工匠精神、职业道德等思政元素，建成农林特色课程。

资源共建共享：绘制专业课思政元素思维导图、思政课专业元素思维导图，思政课程汇编思政课教学案例库，专业课程汇编课程思政案例库，建成"一课一标一图一库"课程资源。

6. 创立了"导—练—演—赛—服"的教学方法

将价值塑造、知识传授和能力培养相融合，形成以学生为中心的"导—练—演—赛—服"的教学方法。导：充分利用案例库中的案例，精心设计教学导入环节，利用对案例的分析引入问题、概念、方法和原理等。练：按照思维导图指引，在专业技能训练中培养敬业精神、职业道德等素养，思政课堂紧扣"三农"主题，通过研、练、说、辩、写等润化"三农"情怀。演：思政课教师、专业课教师和学生共同编制"三农"小品和校园情景剧，将第一课堂教学内容推向第二课堂。赛：在教学活动中引入竞争机制，开展各类竞赛，激发学习动能、激活竞争意识。服：将课堂移到田间地头，把理论教学和专业实践延伸至农业产业一线和农村基层，变一线课堂为志愿服务现场。

7. 建立了多维立体的保障体系

"1+1+N"师资保障：马克思主义学院与各专业学院建立合作关系，以专业为基础，组建了 56 个课程协作小组和 21 个大师工作室，形成思政（专业）元素一起挖、案例一起编、实践一起做的教学格局。柔性引进校外专家，使其与校内教师共同参与课程开发和建设，构建起思政课教师+专业教师 + "三农"专家、劳动模范等的"1+1+N"的教师团队，助推两类课程同向同行、协同育人。

校内校外实践平台保障：在校内，建好 VR 实训中心、农博园、茶博园、农耕文化馆、禾木创客空间、"农林书场"等实践平台，把思政课的爱国主义演讲、诚信小品演绎等活动与专业课程素养训练结合，形成"三农"人物访谈、乡村情景剧等品牌实践活动。在校外，组建"校地行企"实践平台，与赵亚夫事迹馆、唐陵村等乡村振兴典型和果牧不忘农场等校友创业基地等合作，构建"基地化建设、项目化管理、课程化推进"的实践活动，带领学生做乡村调研、"我眼中的家乡"等品牌实践活动，让思政课程和专业课程一体推进。

协同育人机制保障：加强顶层设计，在教学实施、院际联合、内外合作、团队打造、考核评价等方面实现制度、资金、设施和人员的保证、衔接和协调，确保同心为思政。

8. 率先将"红""绿"融合的理念引入农业职业院校教学改革

我们立足农业职业院校教学实际和学生学情，遵循立德树人的教育原则，确立了农业职业院校"红""绿"融合的教学改革理念。教学中注重把思想政治教育与专业教育融合起来，让思想政治教育"红"的元素融入专业教育，让专业教育"绿"的素养渗入思想政治教育，把"三农"意识培养润化到学生专业学习的全过程，引导学生争做有责任、有自信、有能力的新型农业人才，实现价值塑造、知识传授和能力培养三者的有机融合。

9. 创新性地运用"一课一标一图一库"丰富课程资源

马克思主义学院加强"顶层融通"设计，切实把教育教学作为最基础最根本的工作，在思政课程中融入专业课程教学元素的同时，深入挖掘专业课程中蕴含的思政元素，制定农林特色的课程标准，绘制思政元素思维导图和专业元素思维导图，汇编思政课教学案例库及课程思政案例库，建成"一课一标一图一库"，丰富了原有的课程资源。让思政课程有"绿"的特色，让专业课程有"红"的底蕴。落实落细全员育人、全程育人，提升育人实效。

10. 探索出了专业课程与思政课程同向同行的教学方法

马克思主义学院以立德树人为根本任务，坚持价值塑造寓于知识传授和能力培养之中的原则，将思想政治教育"有理想有本领有担当"与专业教育"一懂两爱"的人才培养目标相结合，形成了"导—练—演—赛—服"的教学方法，探索跨学科、文理渗透的综合学习方法，在学习专业基本知识的同时，渗入"三农精神"等人文学科思想，强化"三农"情怀、人文艺术、科学素养、创新创业等通识素养教育，使学生在了解学科前沿发展动态的同时，提高专业认可度，从而达到"学农—爱农—务农—兴农"的育人目标。

编写高品质实践教材：在深入总结研究实践教学的基础上，我们编写了思政课校本实践教材，该教材被评为省级重点教材。该教材含道德法律篇和社会主义认知篇两部分，前者包含"诚信教育：弘扬传统内化品德""法治教育：走进法律感受法威"等6个板块，后者包含"传承经典：思政著作诵读""砥砺前行：优秀影视鉴赏"等6个板块。

打造全程式实践课程：马克思主义学院独立开设了一门1学分、16学时的思政课实践课程——"思想政治理论课社会实践"。该课程覆盖全体学生、贯通三个学年，有教师、课时保障，由专人进行负责。课程将思政课堂实践、校内实践、校外实践贯穿起来，确保了实践教学有抓手、有依托。

建设智能化实践系统：马克思主义学院打造了思政课实践教学管理系统，确保"思想政治理论课社会实践"能够落实落细、行稳致远。系统中设置了必选项目、限选项目和任选项目。学生在系统上进行申报，教师根据学生提供的项目总结、佐证材料进行评分。该系统确保了思政课实践教学的有序开展和稳定运行。

（二）打造特色研究品牌

马克思主义学院紧紧围绕"红""绿"设置特色实践项目，打造农林品牌：开设了"红色情景剧公演""乡村振兴大调查""美丽乡村采风行"等特色实践项目，建设了校内思政课实训中心和虚拟仿真实训系统，取得了实践成效。

挖掘课程与思政的融合潜力：学校深入落实"三全育人"，对课程思政建设进行全面部署，完善相关教学、督导、评价、激励制度。学校选派优秀思政课教师到各二级学院、基础部、体育部，与相关教师合作，对课程思政进行业务指导。专业课教师和企业一线技术能手联合组建混编师资队伍，融入"三新"技术，对接技能操作标准和岗位规范开展教学，有节奏、有步骤地推进课程思政理念、目标、方法纳入专业人才培养方案，实现了思想政治教育与知识体系的有机统一。

凝聚全课与全员的协同合力：学校利用"三自主四结合"人才培养模式的优势，基于办学定位及专业实际，深入挖掘课程思政元素，修订课程标准。在专业课程与公共基础课程的教学过程中，依托校内校外两个平台、线上线下多维途径，巧妙地融入"乡村振兴""绿色生态""匠心精神"等思政元素，同时推进"教创研赛四结合"教学改革，实施"创业小组+基地入住+项目实施+课堂教学"四位一体创业教育实践教学模式，让学生将理想信念、价值理念、道德观念内化于心、外化于行。

彰显传道与授业的文化魅力：学校充分提炼专业课程中蕴含的文化基因和价值内核，将其融入课程目标、课程结构、课程内容、课程实施中，让传道与授业交相辉映。"鱼类增养殖技术""仪器分析"两门课程被确立为全国课程思政示范课程。学校两次主办全国职业教育农林牧渔专业大类课程思政集体备课活动，承办江苏省现代农业职业教育行业指导委员会课程思政集体备课活动，课程思政工作的成效与经验获得了同行的充分认可。

（三）拓展学术前沿阵地

学校立足农林实际，着眼"育人"大局，建设富有"农"味的特色思政课：以农业职业院校学生认知特点、成长规律和思想政治教育规律为基础，聚合课内课外、校内校外、线上线下思想政治教育资源，打造农林特色的"红""绿"融合式思政大课，不断拓展"红""绿"融合式思政课学术前沿阵地。本成果在助益学生成长、助推教师发展、助力课程建设方面产生了显著的效果，并因此赢得了良好的社会声誉。

1. 助益学生成长

学生在"三农"一线表现突出，涌现出"全国农村青年致富带头人"华梦丽在内的一大批有理想、有本领、有担当的新型农业人才。众多学子在全国职业院校技能大赛、"互联网+"大学生创新创业大赛等赛事中获奖，或获得了全国优秀共青团员、全国最美职校生、中国大学生自强之星等荣誉称号。

2. 助推教师发展

众多教师获得省部级以上荣誉。思政课教师主持省厅级以上课题24项，发表论文32篇，获省厅级以上奖励14项，出版省级重点教材1部。专业课教师中有国家课程思政教学团队2个。"时代楷模"赵亚夫等成为学校的思想政治教育导师。

3. 助力课程建设

"红""绿"融合相关项目分别立项江苏省高校思政课创新示范点项目和教育部高校思政课教学方法择优推广项目，课程获评全国林业职业院校思政课程"十佳教学案例"和"信仰公开课"省级示范课。两门思政课程成为"十四五"江苏省职业教育首批在线精品课程。建成全国课程思政示范课程2门、省级2门、校级53门，课程思政蔚然成风。

4. 收获社会影响

（1）政府肯定。2021年江苏省政协会议上，学校思政课改革创新情况得到江苏省政协领导的高度评价。江苏省教育厅网站对学校"红""绿"融合教学进行了专题介绍。

（2）同行认可。南京农业大学、北京农业职业学院、苏州农业职业技术学院等众多高校来校进行专题交流。思政课教师多次对外分享"红""绿"融合经验。学校牵头成立全国农业职业院校思政课创新发展联盟和全国农业职业院校金课联盟，得到全国60多所农业职业院校积极响应，为"红""绿"融合模式推广提供了良好平台。

（3）媒体关注。《人民日报》《中国青年报》《中国教育报》《农民日报》等主流媒体对学校"红""绿"融合进行了报道。《中国教育报》的《思政如春雨　育人如润田》《以主题教育为犁　开拓兴学强农新天地》，《农民日报》的《秉承"三育"根植"三农"着力培育乡村振兴高素质人才》等重要报道受到社会广泛关注。

第六章

农业职业院校"红""绿"融合式
思政课社会服务改革与实践

农业职业院校马克思主义学院开展"红""绿"融合式思政课社会服务既有利于高校社会职能的科学履行和校地双向联动的充分加强，也有利于农业职业院校马克思主义学院建设的科学发展和立德树人的全面实施。近年来，学校马克思主义学院充分发挥人才队伍和理论专业优势，创新推动社会服务，深入基层、深入群众，大力宣讲习近平新时代中国特色社会主义思想，宣讲党的基本理论、基本路线、基本方略，充分展示了立德树人的高度自觉和政治担当。

一、党建引领推动理论宣讲提质增效

（一）组建理论宣讲团队

1. 选择人员组建特色队伍

专业学科特点与党员身份决定了马克思主义学院党员教师们一直处于理论学习的前沿，他们义不容辞地肩负起推动党的创新理论"飞入寻常百姓家"的光荣使命。学校马克思主义学院一直积极推动理论宣讲工作，学院党总支精心选拔党员教师组成不同的宣讲小队，深入基层广泛开展"巡回式宣讲""菜单式宣讲""常态化宣讲"。

一是完善架构。设置了"1+N"宣讲队架构，即1个市级宣讲总队，多支乡镇（街道）宣讲支队，实现全域覆盖、全面延伸。同步与区域内的各乡镇（街道）展开常态化的宣讲合作，与固定的宣讲成员建立结对帮扶。同时整合各教研室力量，打造了9支面向学校各二级学院的宣讲小队。9支队伍积极配合参加镇江市层面、句容市层面及学校层面组织的各项宣讲任务，助力党的创新理论在基层落地开花。二是挑选队员。马克思主义学院挑选"精兵强将"组成宣讲团，形成了强大的宣讲引擎。4个教研室主任承担组织工作，宣讲团囊括党员干部、支部书记、宣传委员等，采取出勤绩效管理，动态调整优化队伍结构。三是提升素质。马克思主义学院党总支利用"三会一课"、主题党日、专题学习、个人自学、撰写心得体会、交流研讨等多种形式，原原本本通读、逐字逐句精读，切实把党的创新理论学习到位，把精神实质和深刻内涵领悟到位，不断把学习推向深入，切实把思想和认识统一到学校党委的决策部署上来。马克思主义学院利用"农林马院"微信公众号推送学习资料，发布学习动态，第一时间将党的创新理论传送到"指尖"、传递到"耳边"。经过长期积淀，马克思主义学院的党员教师都具有深厚的理论功底，均已形成自己的专业宣讲方向。马克思主义学院党总支也以人才队伍建设为框架，构建起了横向到边、纵向到底、多维交叉、全面立体的理论宣讲体系。

2. 靶向培训提高宣讲水平

"良好的思想政治素质要求一直占据着思政课教师队伍建设的价值核心，这一价值追求成为思政课教师队伍的价值主线。"[①] 学校马克思主义学院坚持理论为要，多措并举针对性提高党员教师的宣讲水平，打磨宣讲内容。

一是提高宣讲成员的业务能力。因为思政课教师的业务水平是队伍建设的重点，所以马克思主义学院形成了常态化学习习惯。学院鼓励宣讲教师充分利用"学习强国"理论学习平台、各级党委讲师团主办的理论宣讲报告视频网、各类理论杂志主办的优秀理论宣讲公众号等，将其中的优秀理论宣讲报告、微视频等转化为自身理论宣讲的内容资源，力求做到宣讲没有"盲区"，不留"死角"，不出现"空白点"。二是集体磨课提高讲稿质量。宣讲团结合不同的宣讲受众群体的特点，发挥成员各自的优势与特长，内容上"靶向明确"，采取"先编后练"方式把关宣讲。各宣讲队按照宣讲受众群体类别组织队员进行讲稿撰写，由党总支召开集体备课会，邀请相关专家进行指导，各个小队围绕各自的宣讲主题进行内容优化后，再深入排练和合练，最终形成宣讲节目单。同时，探索"分众传播"，领导干部讲政策、专家学者讲理论、支部书记讲社情、宣传委员讲案例，真正构建起各司其职、相得益彰的宣讲格局。宣讲内容涉及脱贫攻坚、乡村振兴、文化自信、共同富裕、中国式现代化等方方面面，既内涵丰富，又贴

---

① 张馨艺. 新中国成立以来高校思政课教师队伍建设的价值逻辑 [J]. 学校党建与思想教育，2022（13）：50-54.

近群众"口味"。三是组织技术培训创新宣讲形式。通过组织网络技术专题培训和虚拟现实等新形式的计算机技术培训，引导宣讲教师会用、用好网络技术，既展现马克思主义学院理论宣讲的学理性、专业性，又增强理论宣讲的感染力，不断提升马克思主义学院宣讲团队的网络化传播力和影响力。

3. 确立制度完善团队保障

学校马克思主义学院一直坚持机制为纲，通过相关宣讲制度的确立和完善保障宣讲团队的健康运行，促进宣讲的长效性。

一是优化宣讲对接程序。马克思主义学院出台了《马克思主义学院宣讲工作管理办法》，完善流程对接，细化各项工作，落实宣讲对接责任制，保障从前期与各单位的工作细节对接到宣讲过程中的信息收集，再到宣讲完成后的受众反馈、新闻宣传都落到实处。学院在每次宣讲前后及时了解宣讲团成员在深入基层开展宣讲过程中的困惑和实际诉求，掌握宣讲团成员反馈的意见建议，为宣讲员在基层开展理论宣讲提供课程优化、宣讲对接、后勤保障等服务和引导流程。二是建立效果评估制度。通过"受众评+单位考"的方式，加强对宣讲团成员的管理考评。采取课件审查、现场旁听、点对点回访的方式，对宣讲内容进行把关，提高宣讲质量。不定期组织各宣讲队开展宣讲成果交流，结合群众现场反馈意见和演出具体情况进行探讨研究，研判节目形式，总结优秀宣讲现场，选出最优秀的主题宣讲进行巡讲。三是优化考核评价机制。将理论宣讲与职称评审和各级评优评先挂钩，从源头上解决教师参与社会服务原动力问题。2021 年开始，马克思主义学院在年底考核时设置了社会服务单项奖，表彰了一批在社会服务中用心付出、积极工作、敢于创新、成效卓著的先进典型，让社会服务优秀者享受与人才培养优秀者、科学研究优秀者一样的荣耀。

（二）全方位拓展宣讲形式

1. 因地制宜选择宣讲模式

毛泽东指出："有了正确的观点和正确的思想，还要有比较恰当的表达方式告诉别人。"① 理论宣讲作为宣传思想工作的重要形式，是马克思主义大众化的有效途径，要注重理论宣传模式创新，让理论接"地气"，鲜活形象地走近群众。基层群众的教育背景、文化程度和生活环境各不相同，想让宣讲内容真正走进群众、深入人心，就要不断完善宣讲的方式方法，在了解到宣讲对象差异性的同时，考虑宣讲对象的个性化需求，构建问题导向的宣讲思维模式。

学校马克思主义学院宣讲团契合宣讲需求，根据每位宣讲成员的特长形成特色"菜单"，提供点单式宣讲。宣讲前充分准备，通过多种途径完成宣讲受众的调查研究，形成准确的受众群体画像。然后结合受众特点，调动马克思主义学院各项资源为宣讲汇聚力量。首先，充分利用各种节庆、假日等契机，利用文艺宣传的形式，将理论宣传融合到各项活动中。其次，部门主要领导积极带头立标杆、做示范，充分发挥引领作用，打好坚实的理论根基。多方形成合力致力于实现潜移默化的育人效果。截至目前，马克思主义学院已开展各类宣讲活动数次，受益群众分布各行各业，基层宣讲工作进展态势良好，成效显著。宣讲团始终落实以人民为中心的工作理念，回应群众关切，着力构建多层次、多样化的基层宣讲工作格局。

2. 搭建平台拓宽宣讲渠道

在平台和载体上，既要注重发挥传统宣讲优势，又要逐步搭建起集报刊、电台、网络、微博微信、移动终端于一体的全方位宣讲平台，形成良性宣讲矩阵。

学校马克思主义学院宣讲致力于推动全方位、立体化的宣讲渠道建设。搭建线上平台，将党课微宣讲、优质示范微课等上传至"农林马院"公众号平台，开展网上"云宣讲"，群众可以随时点击，实现宣讲的长效传播。马克思主义学院在学校新媒体平台上设置党史学习系列专栏，同步推进、转载党史学习资料和院内举行的宣讲实践活动最新信息。宣讲前，不同队伍与基层党组织对接合作，通过新媒体平台夯实受众理论基础，结合当次

---

① 中共中央文献研究室. 毛泽东文集：第7卷 [M]. 北京：人民出版社，1999：358.

宣讲主题开展系列学习教育。同时，宣讲教师针对宣讲内容设计调查问卷，通过融媒体平台发放问卷并收集相关数据，为丰富宣讲内容提供更有力的针对性数据支持。宣讲实践中，采用"线上+线下"联动宣讲的模式，以群众喜闻乐见的方式将党的创新理论和惠民政策讲出来、演出来，使理论宣讲更易于群众接受，如"红色书屋""流动课堂"等特色宣讲形式。马克思主义学院还积极探索更多网络平台或短视频平台，以期未来开创新的宣讲形式。宣讲结束后，学院第一时间根据宣讲活动的内容精心制作相关的图、文、视频，与合作单位共同推出新闻稿。挑选部分特色宣讲活动如"戏曲进机关"等着力推动宣传，与县级、市级官媒共同报道，形成合力、广联互动，扩大宣讲活动的影响力，增强实效性，充分利用新媒体优势以实现宣讲长效传播。

3. 整合资源优化宣讲生态

马克思主义学院通过整合资源，变分散资源为融合趋势，内宣外宣齐发力，形成宣讲叠加效应。近年来，马克思主义学院充分发挥宣传教育基地的叠加效应，不断创新宣讲模式，整合培训资源，先后与句容市委宣传部等单位开展联合宣讲活动。

一是发挥好马克思主义学院在理论宣讲中的主导作用，充分利用"镇江新时代文明实践中心（所、站）"志愿服务平台资源，打好"宣传、调解、帮扶"组合拳。发挥好高校思想政治教师和科研队伍的专业优势，与镇江市各单位合作，定期开展特色宣讲活动。如在镇江市文化广电和旅游局主办、镇江市艺术创作研究中心和镇江市京口区纪委监委联合承办的"说唱红楼"专题讲座中，宣讲团采用"宣讲+文艺"的方式，让观众在领略传统戏曲之美、感受戏曲文化的独特魅力之余，汲取《红楼梦》这本经典文学巨著中反腐倡廉的文化精髓，从而提高宣讲受众的个人文化修养和廉政素质修养，让宣讲"活"起来。二是充分利用大中小思政课一体化建设平台和高校联合思政集体备课资源。"大中小学思政课"的新命题，不仅强调了思政课在各个学段的重要性和阶段性要求，也进一步强化了大中小学思政课合作交流和资源整合的共同本质。协同互研，从不同的角度对宣讲内容和宣讲对象进行深入交流和思路讲解；资源共享，根据宣讲活动实现联盟的新闻资源互助和受众资源共享。

（三）创新与丰富宣讲内容

1. 精读理论经典，突出学科优势

学校的思政课教师始终坚持"马院信马，在马言马"理念。一是在院内的学习工作中，组织各教研室紧扣党史学习开展"学四史"系列活动，如"四史"学习红色观影活动、"重温红色经典，共唤家国情怀"主题活动、"忆党史口号，学中国精神"等一系列活动，同时定期在青年马克思主义研习会等社团展开读书交流，逐渐形成师生同学"四史"的良好氛围。学习"四史"和阅读马克思主义经典著作能为理论宣讲的内容提供稳固的党性和学术根基，提高宣讲的学理性和深刻性。要将党的重要会议精神先学、学透，把学习内容融入社会宣讲中，始终贯彻发展宣讲的政治导向功能。二是制定马克思主义经典著作推荐书单。从学术角度说，马克思主义经典著作阅读是科研工作的重要支撑。马克思主义学院各教研室组织教师共同研读经典，并引导教师从中选择感兴趣的书目深入研究、收集素材，鼓励教师开设经典理论精品选修课，将擅长的理论经典有机融入宣讲内容。充分发挥马克思主义学科优势，推出更多有价值、有分量的研究成果，加强对党的创新理论的研究和宣传，及时发出马克思主义学院的声音。

2. 紧扣时政热点，把握时代脉搏

如何让宣讲内容更鲜活、增强宣讲的吸引力、提高宣讲的抬头率，其中一条就是要保障宣讲内容真正走进生活、贴近受众、联系实际，实现理论宣讲与时政热点的有机融合。只有紧密结合实际，回应群众关切，讲百姓话、说百姓事，理论宣讲才能赢得人心。时政热点多为近期引起广泛关注的国内外重大事件，包括时政新闻、社会热点等。学校马克思主义学院宣讲团的教师始终坚持在第一时间捕捉当下时政热点，并力求将时政热点及时地、有针对性地、准确地融入自己的宣讲内容。

一是充分运用各种学习平台了解时政热点。宣讲团的教师们充分运用

各类学习资源了解最新资讯，如马克思主义学院每周组织教师集体学习"周末理论大讲堂"，在学习如何上好一堂思政课的同时聆听前沿学者的最新学术观点，并且在"学习强国"上打造全院共建共享的学习平台，成立学校马克思主义学院群组，在群组里交流心得、共享资源。多措并举，助力思政课教师用活、用好学习资源，推动宣讲工作多点开花。二是集体讨论使时政热点更恰当地融入宣讲内容。为了让时政热点更恰当、准确地与宣讲内容结合，马克思主义学院定期组织集体备课活动，形成了马克思主义学院领导、教研室主任、全体任课教师共同参与的常态化、长期性集体备课机制。会上每位教师就准备的实时热点进行分享，中青年教师相互交流讨论，领导给出针对性意见。集体备课既展现了理论宣讲的学理性、专业性，又增强了理论宣讲的感染力，能够不断提升思政课教师宣讲内容的时代性与针对性。

3. 厚植文化自信，讲好中国故事

文化是一种软实力，它同经济实力、军事实力一样，是国家综合实力的重要构成部分。通过宣讲讲好中国故事，彰显文化自信与文化多元包容的魅力，对于深刻领会党的重要会议精神、守好新时代意识形态安全的大门具有重要意义。

学校地处江苏省句容市，红色资源丰富，马克思主义学院在组织各项实践活动时充分结合当地资源，将当地文化融入理论宣讲，形成"红""绿"融合特色内容。宣讲教师始终坚定地在宣讲中自觉捧起担负文化自信的使命，把推进社会主义核心价值观的责任扛在肩上，在宣讲中加强推进传统文化和主流意识形态建设，发展中国特色社会主义先进文化。同时，坚持从小切口呈现宣讲大主题、大道理，用句容身边事身边人，在宣讲中引发受众的共情共鸣，展现我国优秀传统文化无穷的生命力和包容性。

二、内生动力服务学校"三全育人"大局

学校马克思主义学院始终坚持以立德树人为己任，践行全程贯穿、全

员参与、全方位覆盖的育人理念，将思政工作牢牢记在心上、紧紧抓在手里，不断探索思想政治教育的新路径，从团队到个人、从全员到全课、从理论到实践，精准发力、多维发力、持续发力，秉持高度的政治自觉和行动自觉服务学校"三全育人"工作。

（一）从团队到个人，全面推动"五育并举"

"五育并举"是新时代党对教育提出的新要求，"五育"有机融合构成一个整体，在互相补充、互相完善、互相促进的过程中实现人的全面发展，缺一不可。学校马克思主义学院始终紧密围绕学科优势，所有思政课教师主动加入学校"五育并举"研究团队，紧密围绕"培养什么人、怎样培养人、为谁培养人"这一根本问题，坚持德育、智育、体育、美育、劳育"五育"并举，着力培养担当民族复兴大任的时代新人。

1. 德育智育为基础，筑牢思想之基

思政课教学首先是将"德育"摆在首位，发挥思想引领作用，把握总体发展方向。马克思主义学院牵头统一安排部署"校领导为师生讲授思政课"，加强思政课教师队伍建设，完善全员参与办好思政课的工作机制。马克思主义学院鼓励思政课教师多开思政课主课程、开好选择性必修课和选修课，并且在教师职称评审的门槛条件中增加了"能上好两门以上思政课"的要求。

马克思主义学院打造特色课程体系，形成了"红色思政核心课程+绿色思政拓展课程"的课程生态发展体系。加强马克思主义理论学科引领作用，推进习近平新时代中国特色社会主义思想进教材、进课堂、进头脑。深化思政课实践课程学分综合改革，将创新创业教育与思想政治教育深度融合，增强大学生的创新精神、创业意识和创新创业能力，服务于学校"课程—训练—竞赛—创业"四位一体的全链条创新创业教育新模式。

做好思政工作，不仅仅内容上要保持与时俱进，方法上更要与时偕行，互联网时代，思政工作必须保持"不掉线"。在此理念推动下，马克思主义学院主动出击，开通了"农林马院"公众号，抢占网络舆论新阵地。疫情常态化防控期间，马克思主义学院探索了"混合式教学"模式，营造出线上线下相结合的思政课教学格局。思政课从"以教为主"到"以学为本"的根本转变，彰显出马克思主义学院思政课教学改革因事而化、因时而进、因势而新的勃勃生机。

2. 体育美育全浸润，强健体魄心灵

关注学生身心健康，重视学生体育锻炼，引导学生树立健康第一的理念。思政课教师和体育辅导素质导师结合拔尖人才特点和学生兴趣，开展形式多样的体育活动，倡导每天坚持"锻炼一小时"活动。依托马克思主义学院党总支"三联系"制度，思政课教师不定期走访学生宿舍，深入推进走下网络、走出宿舍、走向操场"三走"系列活动，带动学生到室外、到运动场进行体育锻炼，提高学生身体素质，增强学生身体机能，发挥"以劳崇德，以劳增智，以劳强体，以劳溢美"的作用。

引导学生树立正确的审美观念，开展以审美和人文素养培养为核心、以中华优秀传统文化传承发展为主要内容的系列教育与实践活动。学校借助扬剧高校研习社开设了形体礼仪训练班，主要用于学生形体训练、仪态礼仪和舞蹈训练；定期邀请艺术导师对社团学生进行培训，提高学生的社交能力和自身修养，在学生塑造形体美的同时形成良好的内在气质。为深入学习中华民族文化精神，坚定文化自信，传承优秀传统文化，传承中华民族优秀品德，持续开设"传统文化讲堂""中华诗词之美""说唱红楼"等系列活动，邀请专家学者开展讲座报告，不断营造格调高雅、积极向上、充满活力的校园文化氛围，帮助学生在成长过程中继承中华民族的文化基因，汲取人类文明的优秀成果，提高文化品位，养成追求真善美的宝贵品质。

3. 劳动教育相融合，塑造时代新人

思政课堂大力弘扬吃苦耐劳的精神，坚持把劳动教育与生产劳动和社会实践相结合，把劳动教育理念融入科学研究和社会实践中，使学生在科学研究、生产劳动和社会实践中增长见识、增长才干，使学生形成崇尚劳动、尊重劳动的良好习惯。

一是帮助校、院两级团学组织开设"菜单式"志愿劳动项目，组织学生深入城乡社区、福利院等公共场所，开展助残服务、扶贫服务、法律普及服务、支教服务、政策宣讲等实践活动，学分及成绩认定纳入思政实践课程学分。二是组织实施"三下乡"社会实践活动，引导大学生服务现代农业发展和社会主义新农村建设，鼓励广大学生深入农村、进入农业生产园地，开展农业科学研究，参加农业生产实践，调研当地农业发展，开展科技帮扶，让学生在广阔的农村天地接受"三农"教育，培育学生的"三农"情怀。三是开展"疫路有你 温暖同行"微视频比赛，引导全体学生发现身边的真、善、美，号召青年志愿者投身学校、周边社区及家乡疫情防控工作，宣传校园中的抗疫故事，增强学生的抗疫责任意识，引导农业职业院校学生将自我发展与时代需要相结合，培育学生自尊自强、理性平和、积极向上的心态。

（二）从全员到全课，精准对接课程思政

按照各类课程与思政课程同向同行的要求，学校马克思主义学院于2023年成立了课程思政与思政课程研究中心，中心整合课程思政优质资源，科学设计课程思政教学体系，形成了一系列高水平课程思政建设成果，大力推广课程思政建设先进经验和做法，形成了广泛开展课程思政建设的良好氛围，切实增强了学校各门课程的育人功能，全面提升了学校的人才培养质量。

1. 聚焦专业特色深入调研

新修订的《中华人民共和国职业教育法》明确指出，职业教育人才培养的目标要求是立德树人、德技并修。为了能准确把握学校学生思想政治教育现状、需求，结合学生专业发展有效供给，有效提升学校思政课程与课程思政协同育人融合度，实施精准思政，不断提升学生思想政治教育的获得感和实效性，服务学校人才培养和"双高"建设，学校马克思主义学院组建了由学院领导班子、教研室负责人和青年骨干教师组成的课程思政调研组。

调研组不定期深入各二级学院开展精准思政调研，各二级学院领导、专业群带头人、教师代表就如何结合专业发展有效开展思想政治教育，如何做好思政课程与课程思政协同育人的深度融合，如何合力做好学生就业指导、心理健康教育，共建校内思想政治教育基地等方面进行了深入广泛的交流。前期的调研充分根植于"红""绿"融合办学特色，构筑铸魂育人同心圆，解决了学校的课程思政建设要育什么德、怎么教、怎么建、怎么用等主要问题，为下一步的课程融合夯实了基础。

2. 嵌入"红""绿"融合教学设计

推进课程思政建设，工作重心是教研室，关键是教师，需要充分发挥广大教师的积极性、主动性、创造性，群策群力、协同发力。首先是打通专业与思政的通道。马克思主义学院在前期调研的基础上，成立了9支专门服务二级学院课程思政建设的小队，不定期深入专业课程教学一线，与各专业课教师一起积极寻找专业课程与社会主义核心价值观、家国情怀、国际视野、创新思维、工匠精神等相关德育元素的"触点"和"融点"，挖掘专业课程中蕴含的思想政治教育元素。其次，马克思主义学院和二级学院通力合作开始打造"精锐武器"。根据课程思政的改革要求，结合各专业特点，马克思主义学院组织二级学院在前期调研的基础上重新修订教学计划、调整教学方案，筛选出各专业的样板教学范例，打造课程思政改革的精品项目，以此来带动本专业的整体发展。最后，完善课程思政整体教学设计。各专业课教师在课堂教学中以专业为载体，发挥专业的特点和优势进行隐性的思想政治教育，在专业人才培养方案和课程标准中融入思政要求，结合课程、专业及学科实际，增强课程的育人功能。

3. 课程融合形成协同效应

课程思政作为一种科学育人理念，不是要求每节课都"饱和思政"，而是要着眼于"一节课、一门课到一个课程体系"的关系。为进一步推进课程思政建设，马克思主义学院不仅全体思政课教师联系二级学院、联系班级、联系社团、联系学生，还以"手拉手"的形式全程参与课程思政建设，通过理论宣讲、集体备课链接动态信息，建立思政课程与课程思政之间的学科渗透和协同育人机制。思政课教师积极帮助各二级学院打造"一院一特色"，参与制定各二级学院的课程思政实施细则，修订各专业的人才培养方案和课程教学大纲，形成院系特色。各二级学院在马克思主义学院的指导下，探索"思政要素+专业"，立足院系学科特点，把"课程思政"纳入评教、评学指标，纳入领导干部听课、教学督导听课、同行听课评价指标，在教学成果奖、教材奖、教学名师等各类成果的表彰奖励工作中突出课程思政要求，激发育人队伍的活力。

马克思主义学院和二级学院携手共同建设第二课堂，不断拓展实践教学，积极构建显性思政和隐性思政相结合的全课程育人格局。马克思主义学院邀请专业课教师参与马克思主义学院教学能力大赛，通过工会组织开展专业课教师与思政课教师的结对社会实践活动，在广泛的交往与互动中，加深专业课教师对思想政治教育的认同与理解，从而逐渐掌握思想政治教育的技巧与方法，有效解决课程思政"硬融入"问题，形成思政课程与课程思政共同赋能立德树人工程的圈层效应，构建融通互联、协同育人大格局。

（三）从理论到实践，积极构建"大思政"

学校马克思主义学院持续有效的"大思政课"建设，使学校"每名老师都是思政课教师，每门课程都是思政课，每名老师都在上思政课，校园就是大思政课堂"的大思政育人氛围蔚然成风。

1. 落实"大思政课"教育理念

理念与思路是指导行动的"指南针""方向盘"，只有坚持正确的思想政治教育理念，才能全面落实立德树人根本任务。"大思政课"集传授理论知识、培养能力素质、实现价值引领于一身，是新时代高校实现立德树人根本任务的必由之路。马克思主义学院及时转变教育思路，坚持"大思政课"教育理念，找准"大思政课"建设的关键点、着力点，将"大思政课"建设放在教育教学工作的首要位置、重要位置，做好思想政治教育工作，夯实意识形态安全高墙。

马克思主义学院持续深化"一主多元"青年思政课教师一体化培养理

论与实践探索。马克思主义学院选派教师参加全国高校思政理论课教师实践研修培训，帮助思政课教师深入了解坚持和发展中国特色社会主义的生动实践，深化对当前世情国情党情的认识，丰富思政课教学内容。组织开展青年教师常态化教学展示与交流活动，围绕课堂教学评价指标体系，校院两级督导为每位青年教师进行科学"把脉"，及时了解青年教师课堂教学中存在的问题和短板。遴选师德高尚、精于教学、科研能力强的骨干教师担任青年教师的导师，围绕青年教师职业发展中存在的问题，帮助青年教师提升教学科研能力，充分发挥"老带新、传帮带"示范引领作用，让学校马克思主义学院的思想政治教育队伍成为建设"大思政课"、推动人才培养和社会服务的强劲力量。

2. 优化"大思政课"课堂教学

课堂教学的质量直接决定了思想政治教育的活力与成效。学校马克思主义学院以建设"大思政课"为抓手，着力优化思政课堂教学，不断拓展思政课堂教学"大格局"。扎实推进"红""绿"融合式思政课教学改革建设项目，重点围绕教学资源拓展、学术研究支撑、教学质量提升等方面，推动思政课教学改革创新走深、走实、走心。建立健全系统化育人长效机制，邀请国内多所高校的知名专家学者在线上线下开展马克思主义理论学科学术前沿系列讲座，增强思政课教师对思想政治教育话语权表达独特性的认识，启发青年教师探寻思想政治教育话语表达效力的提升路径。

坚持课程思政教学的主导性和主体性相统一，创新课程形式以激发学生的互动参与热情，探索课程思政教与学方式翻转、师与生角色转换，推动学生走上讲台讲思政，举办"大学生讲思政课""红色故事会""我心中的思政课微电影"等比赛，充分调动学生的参与积极性，使其主动深挖专业知识中的思政元素，教师在充当观众和评委的过程中也能在了解学生思想认知的基础上汲取新的灵感。

3. 创新"大思政课"实践教学

"大思政课"既要在课堂上讲，也要在社会生活中开展。建设"大思政课"要构建符合新时代要求的实践育人体系，将思想政治教育小教室与社会生活大课堂紧密结合起来，将实践教学作为鲜活生动的育人平台与思想高地。积极组织思政课教师主动走出校门，走向社会、机关、企业、社区、乡村，推动党的创新理论进头脑，借助脱贫攻坚、乡村振兴等社会热点、难点问题，积极回应学生关切，回应社会关切，把党带领人民进行的伟大实践和取得的辉煌成就作为最生动的教材，不断增强全社会对中国特色社会主义的道路认同、理论认同、情感认同，拓展思政课育人的渠道，提升思政课育人的质量和成效。

马克思主义学院充分依托合作单位的思政实践教学基地开展体验式教学，将思政课搬进博物馆、革命馆、文化馆等场地，引导学生不断增强文化自信。开展"乡村振兴、青春担当"等社会实践系列活动，带领学生深入茅山红色教育基地开展实践研学，让学生在实践体验中读懂"历史的教科书"，接受红色文化洗礼，不断推动红色文化"入脑""入心""入行"。马克思主义学院成立新时代大学生理论宣讲团，打造青年学生实践学习交流平台，让青年学生参与思政课教学，用青年人的语言、视角和方式推进党的创新理论、政策和重大会议精神进校园、进企业、进社区、进农村、进网络。

三、外延拓展赋能地方经济社会发展

近年来，马克思主义学院不断向外拓展社会服务渠道，通过与地方基层政府、企业共建社区学院，打造思政课教师实践研修基地、思政课教学实践基地等教学科研服务平台，实现校地、校企联动促党建的新局面。积极引导思政课教师在讲好思政课的基础上，充分发挥教学、科研优势，扎实开展社会服务，深入基层、深入群众。学院思政课教师大力宣讲习近平新时代中国特色社会主义思想，宣讲党的基本理论、基本路线、基本方略，推动习近平新时代中国特色社会主义思想学习走深、走实、走心，充分展示了马克思主义学院立德树人的高度自觉和政治担当。

（一）搭建平台发挥育人优势

1. 打造红色展馆，提升宣教质量

为庆祝中国共产党成立 100 周年，学校马克思主义学院在 2021 年筹建了党史学习教育展览馆。党史学习教育展览馆有"党史中的口号"和"中国精神"两个展馆，其中"党史中的口号"展馆是对党新民主主义革命时期、社会主义革命和建设时期、改革开放和社会主义现代化建设时期提出的重要口号进行主题展览，包括"实事求是""以人民为中心""新时代"等 53 种口号。"中国精神"展馆是对党成立百年历史中孕育出的中国精神进行展览，包括"红船精神""井冈山精神""延安精神"等 35 种中国精神。该展览馆的建立是对建党百年的一份献礼，也是思政课校内实训中心的重要组成部分，同时为党史学习教育打造了实景课堂，为思政课程建设提供了平台支撑，为校园文化营造增添了红色底蕴。

为庆祝学校建校 100 周年，学校马克思主义学院于 2023 年又继续筹建了"精神的力量——中国共产党人的精神谱系"展示馆和"百年伟业，'三农'华章——百年党史中的'三农'主题展览"。党史学习教育展览馆是学校党史学习教育的创新形式之一，也是学校思想政治教育工作的一大特色，对学校农林特色的思想政治工作具有积极的推动作用。马克思主义学院成立党史学习教育展览馆师生讲解团，为全校师生做好"党史中的口号""中国精神"展馆的讲解服务工作，已接待校内各党总支党员和校外的句容市实验小学、崇明街道红旗社区等共 30 个团队、1000 多人参观学习。思政课教师还充分利用专业特色和优势积极服务社会，以理论宣讲、讲座、讲学等方式在地方单位开展党史宣讲活动。

2. 组建全国联盟，集聚优质资源

融合"农情+思政"，学校牵手全国 70 多所农业职业院校，以"区域联合、交流互助、共谋创新、携手发展"为目标，打造了全国农业职业院校思政课建设共同体。各学校以联盟为依托，通过共同研究、共同学习、共同反思、共同实践，实现了思政课建设共同提升。联盟为各成员单位思政课建设发展提供了机遇和平台，实现了思政课创新成果规模化、集聚化应用。

联盟成立后，先后组织申报了农业职业院校思政课创新发展研究课题，举办了中华优秀农耕文化融入"大思政课"建设高峰论坛暨农业职业院校思政课守正创新研讨会，开展了暑期"大思政课"实践研修活动。联盟聚焦科研协作、资源共享，推进了各地各级各校思政课程改革创新。各地各校拓展建构了"红""绿"融合的育人贯通链，使学生的综合素质和就业率显著提升、思政课教学质量显著提升、教师的教学科研能力显著提升、马克思主义学院社会影响力和社会评价显著提升。

3. 依托服务小站，携手大中小学

2022年，学校和句容市教育局共同发起成立"句容市大中小学思政课一体化建设联盟"。联盟聚焦课程内容建设、教学方式创新和教学内容供给等，定期组织思政课教师开展交互授课、交流研讨、专题论坛、听课评课等活动，搭建交流平台，发挥区域协同作用，推动开展大中小学思政课一体化研究、宣传、指导工作。联盟成立后，学校（马克思主义学院）牵头建立健全大中小学思政课教师一体化备课、研课机制，建立纵向跨学段、横向跨学科的交流研修机制；大力推进思政课教学方法改革，提升思政课教师信息化能力素养，推动人工智能等现代信息技术在思政课教学中的应用。2023年，各类集体备课、示范课等活动已累计辐射40余所学校、师生3万余人次。大中小学思政课教师共同参与，开展一体化思政课教学重点难点问题和教学方法改革创新等研究。

为了推进大中小学思政课一体化建设，2023年，学校马克思主义学院根据"纵向衔接、横向贯通、螺旋上升"的原则，在全省率先探索建设高校思政课教师中小学服务站，安排思政课教师对接全市各中小学校。基于此平台，学校以马克思主义学院思政课教师为纽带，以理论宣讲、思想政治教育、服务示范点建设、咨询服务、人才培养为目的，增强多元主体之间的互动性，实现本土化社会工作、高校马克思主义理论学科与地方经济社会之间的协同发展，同时进一步推动马克思主义的最新理论成果进中小学的校园、课堂和学生头脑，保证马克思主义学院社会服务落地落实。

（二）凝聚力量助力乡村振兴

学校马克思主义学院着眼"三农"发展的实际需求，聚焦农村基层的实际问题，深入挖掘社会各种资源，积极主动对接乡村振兴项目，在承担教育培训、志愿服务、科技帮扶项目等方面主动作为，凝聚各方力量深入乡村，建功乡村。

1. 教育培训助力基层队伍建设

乡村振兴的首要问题是通过人才振兴发展乡村建设，进而达到乡村全面振兴。2022 年，学校被认定为江苏省首批乡村振兴培训基地。学校依据省内乡村振兴的实际需求、教育培训对象的不同特点，分层次、分类型、分产业开展了乡村基层干部、乡村教师、新型职业农民、农企经营者、农技人员、创新创业者、乡村电商网红等的在职培训和继续教育，促进了"有文化、懂技术、善经营、会管理"的乡土人才队伍的形成。在此过程中，马克思主义学院还精心制定了"菜单式"选课、"模块化"组课方案供学校选择，编撰了乡村振兴典型案例。

只有不断为基层组织输送真正对口的复合型人才，乡村振兴大局才能形成内生动力。作为涉农高校，学校马克思主义学院深刻认识到新农科建设的重大意义和涉农高校的使命，尤其意识到乡村振兴课题中基层人才紧缺的问题。马克思主义学院在社会实践中坚持以立德树人为根本，大力强化新农科人才培养。结合院系特色，推进基层党的队伍建设以促进乡村振兴。马克思主义学院与句容市下属各乡镇合作建立对口联系点，联合推动各项主题实践活动，并且以镇江新时代文明实践中心示范点和学校服务乡村振兴示范点建设为突破口，助力镇江市全面推进乡村振兴。马克思主义学院领导班子更是积极推进学校 2022 年定点帮扶工作，帮助句容市区推进城乡大中小学思政一体化示范建设，开展大中小学思政课一体化建设"手牵手"、十九届六中全会精神宣讲"面对面"和服务乡村全面振兴"肩并肩"系列活动，与当地签署合作共建协议，深入乡镇下沉一体化教育资源，从而加快乡村教育的现代化转变。

2. 共建联建发挥党员示范作用

马克思主义学院始终坚持以强农兴农为己任，持续提升涉农高校服务乡村振兴能力。近年来马克思主义学院一直通过社会实践与各基层单位展开合作，依托学院党总支与基层党支部的"结对帮带"，联合开展层次丰富、内容积极的主题党日活动，完善实践教学中心、教学基地等教学资源建设，切实发挥"我为群众办实事"载体作用，打造"党支部+文明建设+志愿队伍"服务平台。助力乡镇党支部加大志愿者建设，用好党员志愿服务队深入乡镇开展"送法下乡""人居环境整治""美丽乡村建设"等系列活动，支持乡村自办各种群众性特色文化活动。

马克思主义学院一直聚焦于挖掘镇江市内和周边城市的城乡红色资源，拓展共建实践基地，为促进乡村振兴和下沉教育资源搭建平台。2020 年，马克思主义学院党总支先后与唐陵村党委、李塔村委会签订协议，共建党建基地。一方面，党员同志们通过实地参观两村事迹展览馆、了解两村的历史发展，加深了对乡村党建工作和农业发展的了解。另一方面，这是"红""绿"相互融合开展思政课教学的有效实践，通过学习交流，师生们受到一次深刻的党性教育，增强了政治责任感，同时也充分发挥了基层党组织的战斗堡垒作用。

3. 社团活动助推基层文明建设

学校马克思主义学院现有 3 个社团——青年马克思主义者协会、乡村振兴研习社和扬剧高校研习社。在社团指导的过程中，马克思主义学院坚持面向基层、服务乡村、贴近生活开展活动。如乡村振兴研习社与当地乡镇联合聚焦乡风文明，推动学生志愿者进基层，以县、乡、村三级多个新时代文明实践站为平台，贯彻习近平生态文明思想，结合群众身边的绿色产业，引导新型绿色农村的发展建设。"用过的塑料袋不要乱扔，可以集中收集起来""夏收就要开始了，秸秆可不能一烧了之"……学生骨干向乡镇群众宣讲了《公民生态环境行为规范（试行）》、农村环境保护常识等内容；同时还结合习近平生态文明思想，针对农村常见的白色污染、生活污水、畜禽养殖污染、秸秆燃烧、燃放烟花爆竹等环保突出问题进行宣传科普，号召大家争做生态环境保护的倡导者、志愿者和实践者，共同建设一个干净整洁、环境优美的美丽乡村。

扬剧高校研习社聚焦老年受众的戏剧鉴赏活动，围绕"四史"学习开展的红色义讲理论宣讲活动，开展传承红色资源的"红色故事会"活动、"厚植乡土文化，传承农耕文明"特色活动等，用群众喜闻乐见的方式传播党的声音，宣传文明新风，助力社区文明建设。青年马克思主义者协会开展了新时代文明实践党员志愿服务，将社团学生编入社区见习网格员小分队中，组织开展"农林志愿服务进村、社区"常态化活动，实施结对帮扶，宣传党的政策，排查矛盾纠纷，帮助困难群众；引导群众开展邻里互助，以扶老、助残、济困为重点，形成邻里互助的社会风尚。

（三）立论献策服务社会发展

作为高校思想政治理论教育的主阵地，马克思主义学院的教师在做好教学、科研工作的同时，一直主动承担社会服务工作，守初心、担使命，配合政府扎实推进社会组织党建工作落地落实，为完成其担负的艰巨而光荣的历史使命不断贡献着自己的智慧和力量。

1. 围绕"三农"问题开展调研

思政课教师紧密结合经济社会发展，围绕国家重大战略部署，围绕乡村经济、乡村社会发展中的严峻问题，以问题、需求为导向，以田野调查为基础，开展针对性、前瞻性理论研究，申报各级各类课题项目，通过凝聚专家智慧和智库力量组织开展学术研讨、确定研究选题与项目、发挥智库优势互补作用形成重大理论研究成果，不断推出高质量、高层次、高水平研究成果，更好地服务句容市经济社会全面绿色转型工作。

马克思主义学院思政课教师近年来申报各级各类课题项目立项 50 余个，发表了《农职院校培育高素质职业农民的优势及其实现路径》《村民自治组织的制度创新——基于村民自治组织身份分析》《"农民"称谓变迁与群体分化的内在逻辑与价值意蕴》《农村食品安全问题及其应对措施》《革命老区红色资源开发利用的原则与策略——以江苏茅山老区为个案》等理论文章，在《农民日报》、新华网、学习强国等主流新闻媒体刊登文章，为镇江市、句容市的"三农"工作提供了理论与决策支持。

2. 推动地方志的理论研究

2020年，马克思主义学院领导分别到中共句容市委党校和句容市史志办交流，与句容市委党校领导就理论宣讲、活动开展、基地共建、科学研究等问题交换了意见。马克思主义学院准确把握句容地方党史的主题主线，遵循历史发展规律和科学架构内容体系，系统组织资料收集，合理做好分工和时间安排，同市委党史工作办公室共同挖掘、阐释党在句容的成功经验。

学校马克思主义学院利用地方资源向乡镇厚植和展示红色基因中包含的历史价值、文化价值、精神价值。一是坚持普查与建设并重，让红色资源"活"起来。培育马克思主义学院对口历史普查员，对当地红色资源进行前期普查核验，坚持"高标准，严要求"，采取实地考证与历史档案相结合的方案，保证了革命遗址普查结果的科学性、准确性和完整性，以便后续的实践运用。对一些历史遗存的红色资源和革命历史进行深入挖掘，并且整理成册，使当地红色资源得以被重视。如天王镇东湾村曾在1939年2月发生过战斗，此次战斗历时4小时，共击毙日军79人，伤日军32名。东湾战斗成为我军"攻点打援"典型战例。同时，深入挖掘地方红色资源，定期开展红色故事会等特色活动，在助力乡风建设的同时创新当地红色资源传承形式。二是围绕"学史明理、学史增信、学史崇德、学史力行"，在全区开展道德讲堂十余次，累计听众千余人次。革命文化、抗战老兵、创业能人、文明家庭等先进案例纷纷进入讲堂，讲师们用一个个生动案例感染群众，聚民心、暖人心，提升了广大党员干部的党性修养，促进了党史学习教育和道德讲堂的全面高质量开展。

3. 建言献策提供解题思路

思政课教师在完成日常教学工作的同时，积极开展相关研究，参加社会讨论，为政府工作建言献策。思政课教师丁志春是江苏省政协委员，她长期从事思想政治教育教学工作，高度重视学生的民族团结教育工作。2021

年江苏省两会期间，她的"关于大中小学校思政课一体化协同创新"的提案备受关注。政协委员的履职不仅仅要有思考问题的深度，更要有接地气的温度。丁志春教授长期深入基层听取各方的意见建议，了解少数民族群众的生活困难，在当地中小学开展"文学进校园"讲座，普及传统文化，践行文化育人使命，把政协委员的政治荣誉和社会责任统一起来，成为群众的"贴心人"。

与此同时，马克思主义学院还充分发挥"思想库"和"智库"作用，坚定贯彻乡村振兴重点工作理念，与各地基层组织展开各项合作，为各级政府决策提供专业的、具有建设性的、可行的对策建议。乡村根据需求出题，马克思主义学院发挥人才智力优势答题。马克思主义学院党总支牵头积极组建特色服务团队，依托新时代文明实践阵地打造了不少志愿服务品牌活动，在积极解决遇到的各种问题的同时也增强了专业教师服务社会的能力。教师们在农村基层实践过程中发现群众的需求和问题，再带着具体方向回到学校，与专家团队结合群众需求探讨解题的思路。马克思主义学院鼓励思政课教师积极建言献策，为解决乡村人才流失、乡村教育医疗、乡村文化传承等问题提供解决方案与思路，帮助有关部门厘清了乡村振兴工作中遇到的难点与痛点问题，从中找到低成本、新理念、差异化等乡村振兴模式方案。

第七章

农业职业院校 "红" "绿"
融合式思政课资源建设

在学校探索思政课程"红""绿"融合式教学改革的实践中，资源建设发挥着日益显著的作用。近年来，学校调动各种资源用于思政课建设，把思政小课堂与社会大课堂相结合，将生动鲜活的实践引入课堂教学，将课堂设在生产劳动和社会实践一线，全面提升了育人效果。党的二十大报告强调要"用社会主义核心价值观铸魂育人，完善思想政治工作体系，推进大中小学思想政治教育一体化建设"。这对于高校思政课教育和改革有着非常深刻的内涵与意蕴，它提出了三个环环相扣的关键问题，即通过一体化建设，完善学校思想政治教育体系，并在此基础上，实现用社会主义核心价值观铸魂育人的特殊功能。所以，当前从统筹推进思政课课程内容建设、加强思政课教材体系建设出发，加大各类教学资源的开发与保障，更好地推进教学资源的全域开发、高效运作与互动共享，已成为促进思政课高质量、内涵式发展的内在要求①。农业职业院校也要顺势而为，挖掘优质思政资源，搭建交流合作平台，以学生的成长需要引导思政课资源供给，构建起全面覆盖、类型丰富、层次递进、相互支撑的"红""绿"融合式思政课资源体系，使教学特色和人才培养特色更加鲜明，让所有课程建设回归育人本位，更好地服务于学生全面发展。

一、思政课资源的内涵与特征

研究农业职业院校"红""绿"融合式思政课资源建设，首先要明确思政课资源的定义、类型、主要特点和开发利用的基本原则，通过理论概述深刻认识到资源建设对推动思政课改革创新的重要意义。

(一) 思政课资源的内涵

思政课资源是由思政课和资源两个词语组合而成的合成词。关于"思政课资源"的研究，理论界一直以来都是按课程资源的理解和把握作为研

---

① 徐蓉，张琪. 新时代高校思想政治理论课教学资源建设研究 [J]. 马克思主义理论学科研究，2022，8（4）：115-123.

究起点进行的。

1. 思政课资源的定义

思政课是由高校思想政治教育者按照一定的社会政治要求、思想观念、道德规范，利用各种环境、机制、载体等手段，对受教育主体施加有目的、有计划、有组织的影响，进行的政治教育、思想教育、道德教育和心理教育等实践活动[1]。职业院校思政课是贯彻落实立德树人根本任务，坚持社会主义办学方向，把握意识形态工作大局的重要法宝，也是学生正确、系统地认识马克思主义、中国特色社会主义，掌握科学的世界观和方法论，以及形成良好品德的关键渠道。

资源是为满足人们生产或生活需要的一切可以为人类所利用的物质、能量、资金、设备、信息、劳动力及社会环境等各种要素，包含自然资源和社会资源两部分。我们可以把课程资源认为是课程设计、实施和评价等整个教育过程中可利用的自然资源和社会资源的总和[2]，教育工作者可以通过识别与选择、汲取与配置、激活和有机融合等手段，让其发挥作用，达到教学目的。

思政课资源的概念并不是独立的，它受到思政课程与资源概念发展的制约，兼有课程与资源的双重性质。从课程资源的内涵和外延出发，综合专家学者的观点，将思政课与资源紧密联合起来，可以把思政课资源看作是在思政课程教学活动过程中，为实现思政课教学目的，可以被教育者开发和利用的具有思想政治教育信息和功能的一切要素的总和，或具有教育价值、能够转化为课程或支撑、服务于课程的各种条件的总称。思政课教师应树立正确的课程资源观，走出过去把教材资源等同于课程资源的错误观念，有的放矢地开发和利用丰富多样的思政课资源。

2. 成为思政课资源的基本条件

思政课资源既是知识、信息和经验的载体，也是思政课教学实施的媒介。它既包括各个高校办学过程中所形成的各种实物存在，也包括教育者

---

① 季海菊. 新媒体时代高校思想政治教育研究 [D]. 南京：南京师范大学，2013.
② 朱家存. 基础教育新课程的理论与实践 [M]. 合肥：安徽教育出版社，2006：105.

在实践中凝结而成的教学理念、教学方式等各种精神要素。某种资源要对思政课教学活动产生支持性作用，还需借助师生共同的教学转化，与思政课内容产生适切性有效联系才能称为真正意义上的思政课资源。思政课资源的开发利用并不是将一切信息不加区分地引入思政课教学中，要成为思政课资源，需要具备三个条件：

其一要具有真实性。真理性是思想政治教育说服力的根本源泉，也是思政课区别于其他学科的一个更为显著的特点。从大学生心理需求和思想特点出发，成为思政课资源，真实性尤为重要。现在的大学生常质疑、善求证、爱较真。一旦教育者采用了带有水分的思想教育资源，哪怕只有1%的虚假，学生也会断然排斥，思政课对学生的德育效果就会大打折扣。言实则可赢心，情真方能动人。唯有真实，才能动人心魄。因此，真实性是成为思政课资源必须坚持的第一原则，也是最高原则。

其二要具有关联性。各种资源要素只有居于教学资源系统之内，围绕教学目标协同发挥各自的恰当作用，才能为实现思政课程教学目的服务。因此，要成为思政课资源，必须承载和传递大学生思政课教学所蕴含的思想观念、价值取向、政治观点和行为方式等内容和信息，最终在资源协同和优化状态下达成立德树人的思政课教学目标。思政课教师只有将不同资源要素之间的内在联系协同起来，并使之产生相互的合力作用，才能构成完整意义上的思政课教学活动[①]。

其三要具有可开发性。不同的资源共同参与配合使用，可以使教学产生不同效果。思政课资源既要能融入思政课的课堂教授、课程训练、社会实践等各个环节中，还要能融入和影响学生的日常生活和行为方式。因此，要成为思政课资源，需要能够被使用者重新组合、搭配以实现在不同场合下不同形式的变换、转化和优化。使用者通过精心选择相关资源载体，构筑思想政治教育环境，依靠学生的体验，通过学生自身内化作用，让思想政治教育从小处入手、从现实入手、从身边事入手，使原始资源在潜移默

---

① 杨晓奇. 教学资源及其优化问题研究 [D]. 南京：南京师范大学，2014.

化中发挥最大化的德育作用。

(二) 思政课资源的分类

为了更好地开发和利用资源，学校马克思主义学院从资源的来源入手，对校内、校外的思政课资源进行分类、归纳、研究和开发，并按所蕴含的思政元素及其对思政课教学的作用将思政课资源分为五大类。

1. 实物资源

高校实物资源是高校师生员工继承并创造的一切物质文化成果的总和，是思政课资源中以实物形式表现的有形部分①。它是校园主体通过感官可以直接感知到的物质性对象的总和，是校园的物态体现，主要体现为教学楼、图书馆、宿舍楼、体育场等校舍建筑，校园绿化等校内自然景观及教育教学设备设施等，如学校富有特色的江苏农博园、江苏茶博园等实践教学基地等，既彰显农林类职业院校办学特色、办学条件和环境，又传承校园精神，陶冶情操，提高校园主体的境界。实物资源最鲜明的特征是其直观性，是可以看得见、摸得着的物质性存在，是有形的，但蕴含其中的思政元素往往是潜在的、隐形的，需要通过挖掘才能被学生认知、认同，发挥实物资源的德育功能。

2. 信息化资源

通过信息化手段整体提升思政课的教学效果是大势所趋，也是必由之路。目前，各类新媒体和新技术手段层出不穷，思政课信息化资源不仅包括文字、图像、音频、视频、动画等多媒体信息，还有慕课、雨课堂、学习通、云班课等教学工具，甚至有利用人工智能技术、VR 技术打造的沉浸式、体验式新型学习空间。这些信息化资源给学生提供刺激多重感官的更直观、更形象的视听触觉材料和思维材料，让学生在身临其境中潜移默化接受思想政治教育。如学校借助虚拟仿真技术，打造了"韦岗战斗""新四军铁军精神"交互式 VR 系统，高度还原了我国革命历史事件的场景，仿真

---

① 李敏. 高校文化资源对大学生思想的影响及开发研究 [D]. 重庆：西南大学，2013.

历史人物的角色，把历史素材、社会实践素材融入思政课教学中。信息化手段让思政课堂焕发生机与活力，也成为当前思政课教学的重要支撑资源。

3. 人本资源

人本资源是高校思想政治教育重要的非物质资源。首先，思政课教师队伍是高校落实立德树人根本任务的重要人力资源。任何一个教师的德性涵养、知识结构、思维特点、个性风格、气质类型、生活阅历都蕴含着思想的、文化的、心理的、情感的综合要素，其所具备的觉悟、知识、素质、能力及道德修养在思想政治教育中有着举足轻重的作用。其次，学校的各级领导、专业课教师、班主任、辅导员等也是重要的人本资源。另外，校友资源也是学校思政课重要的人本资源。所谓校友资源是指校友自身作为人才资源的价值，以及校友所拥有的财力、物力、信息、文化和社会影响力等各种资源的总和①。校友的丰富人生阅历、成功经验能激发学生的爱校荣校情怀；校友高尚的思想品德、为国家做出的突出贡献和优秀的个人事迹对大学生道德观念、价值取向、心理品质、行为取向等方面具有引导和感化的作用。以江苏农林职业技术学院为例，学校培养了一批批以强农兴农为己任的优秀毕业生，如华梦丽、郁宝锋、范文杰、钱荣志等，他们用自己的实际行动书写了农林学子助力乡村振兴的奋斗历史，在思政课教学过程中讲述他们的故事有利于引导在校青年学子用实际行动继续谱写服务"三农"的青春篇章。

4. 精神资源

一所学校的历史沉淀了独特的校园文化，是思政课教学宝贵的精神财富。所谓精神资源就是高校师生员工在教学实践活动中继承并发明创造的一切精神文化成果，包括以学校制度、校魂校训、党风政风、学风校风等形式存在的文化成果的总和。这些资源形成一个巨大的磁场，成为推动学生奋发前行的强大力量。农业职业院校的道德风尚中天然地保存了中国农民和农村社会中自强不息、淳朴善良的精神品质，农林学生身处校园，自

---

① 魏德功. 高校校友会的职能与校友资源有效开发的研究 [J]. 广西大学学报 (哲学社会科学版)，2008 (1)：148-153.

然而然对"三农"精神具有别样的关注情怀和传承意识。因此，学校在培育道德风尚的过程中，应重视挖掘蕴含在校园文化中的精神富矿。学校在近百年的办学历程中，铸就了学校独有的精神资源，确立了以服务"三农"为宗旨，能力培养为核心，走产学研一体化之路的办学理念及"课堂移村口、师生到田头、成果进农户、论文写大地"的践行思路。这是学校的价值定位、精神底蕴和文化内涵，也是学校在长期办学过程中治学、治校成果和经验的精神积淀，在思政课教学过程中将其贯穿始终，将对农林学子的精神品质、理想追求、行为理念起到重要的导向作用。

5. 地域资源

地域文化资源作为地方传统、生活历史和精神观念的结晶，对思政课教学具有重要价值。各地不同的地域条件形成了不同的地理风貌和经济文化，资源的构成形式和表现形态也独具特色，学校可开发和利用的自然资源和社会资源也不尽相同。一般成功的思政课都能够适应地域环境，更能够正确把握与现实地域环境的关系，且可以对地域环境中的现实资源加以充分有效利用。教师可以根据所在地区的实际情况，因地制宜，合理开发和利用具有本区域特色的思政课资源。学校坐落于全国优秀旅游城市句容市城区，学校周边可利用的地域资源十分丰富，距离本部校区20公里就有著名的茅山革命老区。近年来，马克思主义学院挖掘整理了茅山革命老区丰富的红色资源，将其应用于党史学习教育、思想政治教育和思政课程教学，实现了资源的高效集成、优质配给。

尽管我们对思政课资源进行了分类，但这些资源并没有绝对的界限，它们是相互贯通、相互影响、彼此包容和彼此渗透的，共同构成了学校马克思主义学院思政课教学的资源富矿。

（三）思政课资源的特征

思政课资源的特征归纳起来，有以下几方面：

1. 客观性与主观性

实事求是是马克思主义中国化理论成果的精髓，也是思政课的根本立场和方法。高校思政课资源的开发和运用必须坚持客观性原则，采取实事求是的态度，注重理论联系实际，真实地发掘、配置、筛选、过滤有价值的资源，确保思政课资源来源的真实性和可靠性。同时，要对这些资源进行具体的分析和科学的研究，遵循教育规律，紧扣教学目标，结合学生特点，吸取客观内容，不能主观臆断、闭门造车。

但教师在筛选、评价和利用思政课资源时，要充分发挥主观能动性，以有助于创造出学生主动学习和提升思政课引领实效为基本思想，尊重学生的心理逻辑和学习内容的整合逻辑，遵循思政课教育规律，对参与教学的诸多资源要素重新组合、调配、搭配、转化、优化，使得教学资源在原有状态上产出更大的教学效益和教学价值。真正优秀的思政课教师，是对教学资源认识深刻、把握精准和运用娴熟的教师。如果教师运用思政课资源的艺术化水平高，思政课教学就能收到事半功倍的效果。

2. 实践性与发展性

教学实践永远是教学资源的创生之地和体现之处。思政课资源作为思政课教学活动的依托，其产生、形成和发展都体现在鲜活的教学实践当中，也就彰显出强烈的实践性。有相当一部分资源在思政课程设计之前就已经存在，它具有转化为思政课或支持课程实施的可能性，但还不是现实的思政课程或思政课程实施的现实条件①。只有能够运用在思政课教学中的资源才能成为思政课的课程资源。如果脱离教学活动的实践性特征，这些资源的价值性就不复存在。

时代的发展与进步，信息技术的快速发展，使得现代信息技术与各学科的教育教学融合趋势日益明显，支撑思政课教育实践活动的资源也必然要随之发展。因此，思政课资源的开发还要满足师生正当、合理的发展需要。一方面，教师将各个资源要素合理配置，使得思政课资源积极响应学生发展需求，激发和培养学生自主学习兴趣和创新创造能力，提升他们分析问题和解决问题的能力，并为其未来的发展提供知识系统的延伸和引导。

---

① 廖先亮. 综合实践活动课程的理论和方法 [M]. 武汉：武汉大学出版社，2003：124.

另一方面，数字化时代，教师和学生具有同等的信息条件，面对同样的信息资源，教师不断更新、开发和利用思政课资源，不仅可以获得建构知识的能力，而且可以获得信息素养的提升。

3. 承载性与传导性

一般的课程及教学都具有传导性特点，但思政课教学特殊的地方在于它不仅仅是传授知识，更在于承载"价值"。思政课虽然有传授知识和讲解理论的任务，但不在于单纯地传播资源，而在于借助这些资源进行知识传递、价值引导和能力培养。思政课不是价值无涉的，它虽借助于知识的载体，但其本质不在于单纯的知识教育，而是寓价值引导于知识传授之中，通过知识建构最终完成价值建构。思政课的整个教育教学过程，看似是知识的内化与外化过程，实则是"价值"的内化与外化过程。

过去对大学生的思想政治教育，主要是让学生在课堂上听讲，教师们按照学校规定的进度用教材为学生进行授课，教师被看成信息源，媒体只起到单向传递作用。而当代大学生对信息的获取已不再受限于课堂、教师等人为途径，更多的是依赖于网络平台等信息技术途径。因此，教师通过正确的引导向受众群体展示正确的思政课资源，并在一定的技术平台上输送资源和学生进行双向互动，也是思政课资源传导性的重要意义所在。

二、"红""绿"融合式思政课资源运用的基本要求

资源建设的质量和水平关乎思政课教学供给体系的质量高低，也关乎教学和人才培养的成效。因此，思政课教学资源的开发与利用绝不是随意的，我们除了要充分挖掘教学资源，还要优化资源配置，实现资源效用的最大化，"红""绿"融合式思政课运用应做到如下几点。

(一) 数量与质量的并重

新时代高校思政课内涵式建设和高质量发展对教学资源的开发和运用

提出了新的要求，教学资源建设成为推动思政课高质量发展的必要条件①。农业职业院校可开发和利用的资源内容丰富，形式多样，既有自然资源，又有社会资源；既有物质资源，又有非物质资源；既有校内资源，又有校外资源；既有显性资源，又有隐性资源；既有静态资源，又有动态资源。"红""绿"融合式思政课独特的教学模式，要求在思政课教学过程中有大量丰富、广阔的资源来做支撑，资源运用不能仅仅停留在书本和教材上，而是要从农业职业院校的定位出发，以培养"一懂两爱"人才为目标，以学生职业发展为中心，将能参与教学活动的各种资源都纳入调配范围，扩大资源选取面，拓展和延伸资源获取的深度和广度，尽可能做到教学资源配置的内容多样、形式多样、途径多样，使其产生整体效应，增强思想政治教育的感染力和吸引力。

另外，"红""绿"融合式思政课也要汇聚优质资源以提升教学品质。将"红""绿"融合的理念引入农业职业院校教学改革，就是倡导教师通过各种资源的优化配置，改善学生获取思政知识的多元化通道，把思想政治教育与地域文化、专业特色、社会需求融合起来，将一些能深化学生对马克思主义理论的理解、对中国特色社会主义认同和服务"三农"信念确立的教学资源适时地纳入教学当中，在完成基本的知识性教学目标的同时，注意从思政课教学扩展到"红""绿"融合教学资源对于人的影响和观照，把"三农"意识培养润化到学生思政课学习的全过程，用高质量的思政课资源引领教师的教学行为，引导学生争做有责任、有自信、有能力的新型农业人才，实现价值塑造、知识传授和能力培养三者的有机融合。

（二）内容与形式的匹配

习近平总书记在中国人民大学考察调研时指出，思政课的本质是讲道理，要把道理讲活，就要创新内容。结合思政课程体系和教学内容，"红""绿"融合式思政课除了要讲好"四个故事"外，还要讲好乡村故事。要讲

---

① 徐蓉，张琪. 新时代高校思想政治理论课教学资源建设研究 [J]. 马克思主义理论学科研究，2022，8（4）：115-123.

好新民主主义革命时期，中国共产党紧紧依靠农民群众，在广大农村建立革命根据地，带领广大农民打土豪、分田地，经过艰苦卓绝的武装斗争，实现了亿万农民翻身得解放的故事；要讲好新中国成立后，中国共产党领导一穷二白、人口众多的东方大国，组织农民重整旧山河、发展新生产，进行艰辛探索的故事；要讲好改革开放以来，中国共产党领导农民率先拉开改革大幕，不断解放和发展农村社会生产力，推动农村全面进步，实现了由温饱不足向全面小康迈进，完成历史性跨越的故事。

"红""绿"融合式思政课还要根据课程标准不断创新教学形式，在思政课教学内容中引入现代农业技术、园林风景设计等专业案例，在专业课教学内容中引入工匠精神、职业道德等思政元素，重点挖掘学生所学专业在脱贫攻坚、乡村振兴事业中的标志性故事、代表性人物故事，以及奉献国家、服务人民的案例，促进思政课程与课程思政融合发展、同频共振。同时，要运用现代科技手段建设智慧课堂，拓展学习时空、延伸学习链条，比如学校建成了校内党史学习教育展览馆、农耕文化馆、励志广场等实践教学平台，自主开发了"韦岗战斗""新四军铁军精神"VR系统实践教程等特色实践教学资源，举办了"我心中的思政课"微电影大赛、"大学生讲思政课"、红色故事会、"党在我心中"主题手抄报、红色经典影视配音等活动，实现内容和形式的精准匹配，使思政课堂更加贴近时代、贴近学生，不断提升教学效果。

（三）内部与外部的协同

思政课是立德树人的关键课程，但不是唯一的课程；思政课是大学生思想政治教育的主阵地，但不是唯一的阵地，因此，学校要从大局出发，盘活全校思政资源"一盘棋"。"红""绿"融合式思政课就是要聚集散落在不同学科、不同课堂、不同部门的优质思政资源和元素，通过教师互派、活动共建、资源共享等活动推进"大思政课"育人格局。比如学校马克思主义学院和学工处、团委紧密合作，在校内建好农耕文化馆、禾木创客空间、"农林书场"等实践平台，形成"三农"人物访谈、乡村情景剧等校内品牌实践活动，邀请二级学院的专业课教师前往华西村共同开展思政课实践教学，思政课教师进行改革开放、共同富裕方面的价值引领，专业课教师则进行园林规划、植物保护方面的专业讲解。

"红""绿"融合式思政课还要用系统思维来打破内部和外部资源分散的壁垒，进一步激活链接外部的鲜活资源，充分发挥内外部资源价值同构的协同效应。思政课教学可引用的校外资源是丰富多样的，博物馆、纪念馆、党史馆、烈士陵园等红色资源有助于讲好党的故事、革命的故事、英雄和烈士的故事，可用来加强党史学习教育、革命传统教育、爱国主义教育等。"红""绿"融合式思政课可以将课堂移到田间地头，把思政课教学延伸至农业产业一线和农村基层，聘请农业专家和毕业生代表给学生讲信仰、讲选择、讲奋斗。如学校挖掘"时代楷模"糜林、"全国劳动模范"纪荣喜和江苏"最美基层高校毕业生"郁宝锋等本土"三农"人物的故事和精神，柔性引进赵亚夫等校外专家 58 人，构建起思政课教师+专业教师+"三农"专家或劳动模范等的"1+1+N"的教师团队，引领学生学榜样、真行动，让学生逐步成长为"一懂两爱"的新时代"三农"人才。

（四）横向和纵向的汇合

思政课资源运用要以"融通活化"为主要路径，探索横向融通、纵向贯通、梯度衔接的方法路径。横向融通就是要打破体制机制藩篱和地域壁垒，共同打造思想政治教育"资源池"，以区域内国家级或省级重点马克思主义学院为引领，充分利用已有的优质师资打造名师工作室，建设资源共享平台，实现线上、线下长效的思政课教师交流、学习研修机制。依托资源共享平台，不定期分享各校在教学研究、课程建设、人才培养、改革探索等方面的宝贵经验与主要做法，实现思政课协作常态化、制度化。如学校牵头成立了全国农业职业院校思政课创新发展联盟，2023 年已有 70 多个成员单位。联盟通过汇集各方力量，聚焦农林思政主题，共话立德树人任务、共建教学资源、共享教研成果、共推科研课题、共商现实问题，形成一个跨校际、跨区域农林思政工作的特色与品牌，保障和促进农业职业院校思政课教学协作切实有效、持续推进。

　　"红""绿"融合式思政课资源建设还要坚持纵向贯通，努力建成区域特色鲜明、辐射周边中小学思政课的共享平台。高校思想政治教育工作者要与小学、中学思想政治教育工作者共同商讨思政课教育宏观布局，尤其要就大学和高中思政课教材的内容安排进行磋商，实现大学与中学思政课教材的无缝、有效衔接，保持德育体系的循序渐进和螺旋上升，使高校思政课教学既体现逻辑性，又彰显层次性。如学校发起了句容大中小学思政课一体化建设联盟，为句容市大中小学思政课教师听课评课、资源共建、研讨交流等搭建了平台，全市不同学段的思政课教师一道聚焦课程内容建设、教学方式创新和教学内容供给，实现了思政课教学目标的一致性与整体性、教学内容的递进性与连贯性、教学方法的适当性与连续性。

（五）显性和隐性的统一

　　思想政治教育资源库由显性资源和隐性资源组成。显性资源是指思想政治教育的目的和作用明显，学生能够一望而知的各种要素或条件，如高校普遍开设的马克思主义理论课和思想品德课[①]。隐形资源是通过内隐的方式使学生在不知不觉中接受思想政治教育的资源总和，如学校在办学过程中长期形成的校园文化。习近平总书记提出"坚持显性教育和隐性教育相统一"教学要求的同时，还指出要"挖掘其他课程和教学方式中蕴含的思想政治教育资源"[②]，这就要求显性资源和隐形资源要在"红""绿"融合式思政课教学中结合起来运用。一方面，发展渗透式教育方法，研磨思政课和专业课系列教材及专题教学指南、案例教程、示范教案、优秀讲义，挖掘其中的显性和隐性资源，借助知识图谱等可视化引擎实现两类资源的关联对接。如学校绘制专业课思政元素思维导图、思政课专业元素思维导图，思政课程汇编形成思政课教学案例库、专业课程汇编形成课程思政案例库，建成"一课一标一图一库"课程资源，强化高校思想政治教育显性

---

① 操国胜. 关于建立高校思想政治教育资源库的思考［J］. 乌鲁木齐成人教育学院学报，2006（4）：25-28.
② 周青军. 高校课程思政建设核心问题和解决思路探讨［J］. 教育教学论坛，2020（27）：70-71.

教育中的隐性渗透。

另一方面，要向外开拓延伸，发挥本地本校的各类资源禀赋，找准贯穿于教学的显性、隐性资源与日常生活、学校教育、课程建设、社会发展之间的价值轴承，特别是整合利用党史馆、校史馆、领袖故居、革命遗迹、英雄纪念馆、专题展览馆和建筑群等显性资源，以及红色历史、农林精神、爱国影片、"三农"故事等隐性资源。要将这些有形、有声、有色的教学资源结合起来，引导青年学生积蓄红色文化，服务"三农"事业，汲取榜样力量，凝聚精神动力。要让现代科技赋能思想政治教育，在教学中采用讨论式、情景式、鉴赏式、沉浸式等形式，开通"线上教学+慕课+学习通+线下实践"等泛时空教学空间，构建泛在学习机会和学习环境，用可听可触可视的科技资源，增强学生的学习体验和情感共鸣。如学校建成了由"党史中的口号"和"中国精神"两个主题展馆构成的党史学习教育展示馆，并依托挖掘茅山本地红色资源，利用 VR 实训中心，让学生在实训室体验韦岗战斗和新四军战役，身临其境感知革命精神，在潜移默化中接受爱国主义教育。

三、"红""绿"融合式思政课资源建设的成效

学校率先将"红""绿"融合的理念引入农业职业院校教学改革，提出了"红""绿"融合式思政课资源建设的体系框架，经过 4 年的研究、5 年的实践，思政课资源建设的成效已经突显。

(一) 构建了布局合理的资源体系

长期以来，思政课资源开发和利用的结构比较单一，各高校更关注校内课本资源或多媒体资源的开发和利用，造成校外思政资源的流动壁垒和配置低效，许多优质资源被闲置或浪费。学校探索"校内开发—校外引进—合作连接"方法，畅通校园内部思政资源流动的渠道，把思政课程和课程思政各类互补性资源进行黏合，以更大的战略格局、更大的学科合力和更

大的资源整合推动思政课程群"体系化"。

1. 本土化的思政课程资源体系

当前的思政课教材和教学活动偏重于用宏观视角去展现"大变局""大视野"与"大使命",学生"在场感"缺失,学习动力不足。本土化教学资源可以从区域性、本土化的微观视角,具体而形象地诠释中国共产党的历史、理论、方针和政策,为学生打开认识和理解思政课的另一扇大门。马克思主义学院坚持以宏观视野和微观视角相结合的形式开展思想政治教育,将地方经济社会发展和文化建设中的精神资源和社会活动资源纳入思政课程资源建设体系中,从学生能够看到的家乡变化入手,将乡村振兴的最新成果、精准扶贫的最新成效、科技成果转化的最新走向,甚至学校产教融合的最新影响等本土资源作为重要素材,丰富了思政课的教学内容;组建校地行企实践平台,与赵亚夫事迹馆、唐陵村等55个乡村振兴典型和果牧不忘农场等17个校友创业基地等合作,构建了"基地化建设、项目化管理、课程化推进"的实践活动,带领学生做乡村调研,开展"我眼中的家乡"等品牌实践活动,设计引导学生积极探索和参与地方经济、社会文化的发展和建设,实现了理论教学的系统性与实践教学的多样性的有机结合,增强了思政课教学的可视性与教育的说服力提高了学生的参与度。

2. 一体化的课程思政资源体系

在校内,经过几年的建设,学校已基本构建起多元主体参与、资源力量充裕、内生动力充盈的课程思政资源体系。学校马克思主义学院与各二级学院建立合作关系,以专业为基础,组建了56个课程协作小组和21个大师工作室,对应专业人才培养方案和课程教学标准确立了课程思政资源选取任务,按照"专业—课程—课堂"分层落实"专业思政主线—课程思政主题—章节思政话题"的资源配置目标,设计"思政课—农业基础课—专业实践课"的资源融合路径,建立了目标层次递进、内容相互支撑、教育进阶提升的一体化课程思政资源利用体系,形成了思政和专业元素一起挖、案例一起编、实践一起做的教学格局,有效弥合了专业课和思政课之间教育资源呈相互独立和割裂的状态,实现了思政课程和课程思政育人的叠加效应。其中，畜牧兽医学院"鱼类增养殖技术"、茶与食品科技学院"仪器分析"两门课程同时成为教育部首批课程思政示范课程。

（二）形成了系统完备的资源矩阵

随着新课程改革的不断推进，各高校在资源选择的形式和内容上更为丰富，但这些资源间的融合度不高，融合机制不完善，没有形成有机统一的整体，难以实现育人的协作效应。学校在思想政治教育中坚持配齐师资力量、汇聚教育合力、筑牢育人阵地、增强思政魅力，创建了一支纵横联通的师资队伍，打造了"红色情景剧"等爆款思想政治教育品牌，从思政育人团队、思政育人阵地、思政育人载体三个维度出发，形成了主体多元、形式多样、载体多变的"红""绿"融合式思政资源矩阵（见图7-1）。

图7-1　矩阵式资源管理系统

1. 多元协同的人力资源

育人主体作为核心育人资源直接关系到"红""绿"融合式思政课资源建设的效果。学校马克思主义学院提出了"思政+"行动计划，打造了以思政课教师为核心主体，以专业课教师、辅导员、班主任和政工干部为关键主体，以农业劳模、优秀校友为重要主体的多元协同人力资源体系。马克思主义学院首先将所有思政课教师"分配"到特定二级学院系部，发挥兼职思政课教师、辅导员、专业课教师在资源整合中的中枢协调作用，引领思政课程和专业课程实现同向同行、同向发力。同时，聘请赵亚夫、郁宝锋等道德楷模、劳动模范、当地企业家、毕业生代表等来学校"现身说法",提高了地方特色人才资源的开发和利用率。近年来,在疫情常态化防控背景下,马克思主义学院借助腾讯会议等平台举办"明理大讲堂",确保了校外人本资源支持的可持续性。马克思主义学院充分发挥校外大学生社会实践指导教师的积极作用,让他们成为思政课和实践课的全程参与者、跟踪者、协同者和成效反馈者,把思政课实践教学由阶段学习环节拓展成了全程性工作,提升了思政资源育人效能。

2. "红""绿"融合的阵地资源

学校是思想政治教育主阵地,学生每天在校园里成长,校园里的每一处景观小品、每一个活动都会对学生产生潜移默化的影响。学校在校园内开辟了"红""绿"交相辉映的思政资源阵地。近年来,马克思主义学院建成了近 200 平方米的党史学习教育展览馆,包括"党史中的口号""中国精神"两个展厅,成立了师生义务讲解团。自展览馆成立以来,讲解团已为校内外 62 个团队、2902 人次进行免费讲解。马克思主义学院建成了特色校园"新禾育人阵地",学生们可以在 2000 平方米的农耕文化教育实践基地参加"全民饮茶日"等系列教育活动,也可以依托"青年马克思主义者协会""传统文化研习社""红色文化传承研习社""乡村振兴研习社"等理论学习类社团,参与校园文化艺术节、读书节等师生实践活动。一项项富有特色的团学活动历练着学生的实践能力,一堂堂"劳模进校园"讲座以精神文化提升了学生的政治素质,一处处校园景观以物质文化濡染着校园人文环境。通过建设这些主客互动、"红""绿"融合、凸显学生主体的阵地,马克思主义学院着力营造了"以文化人、春风化雨、润物无声"的德育氛围。

3. "双线"统一的载体资源

线上线下"双线"思政平台的建设可以打破交互局限,营造教学情境,达到"情"与"思"的完美结合。学校马克思主义学院因时而化,聚焦精准传播,坚持与时俱进的线上平台资源建设思路,构建了灵活高效的线上思政育人载体。马克思主义学院大力开发网络资源,建设"农林马院"公众号，时刻研判学生的所思所想所需，利用微信公众号的载体，营造了积极的线上传播、宣传、舆论等思想政治教育场域；以"校园书场"为载体，录制了"红色故事百集""大唐传奇"等评书，在喜马拉雅线上平台和校园线下平台同步推进；开设"中国传统文化""中外园林史""家具史"等课程，汇编师生原创"诗词里的'思修'""诗歌中的'毛概'"等14个专题、510余篇文章，建成了"教学素材+教学课件+案例库+视频资源库"的教学资源平台。近年来，马克思主义学院还牵头成立全国农业职业院校思政课创新发展联盟和全国农业职业院校金课联盟，得到全国70多所农业职业院校积极响应，为"红""绿"融合模式在线下的推广和运用提供了良好平台。

（三）服务了德才兼备的育人目标

培养知农爱农创新人才是衡量农林高校立德树人成效的量尺①。过去农业职业院校思政课资源开发主要采用"知识点—资源支撑"的建设框架，选取的资源多用于对课本基础知识、基本理论进行构建，这种过于书本化的资源建设框架与职业院校人才培养方案相脱离，实际上并不利于学生三观的养成。"红""绿"融合式思政课资源建设定位于地域实际和办学实际，坚持将价值塑造、能力培养和知识传授融为一体，服务于培养德才兼备的社会主义复合型技术技能人才培养目标，牢牢守住了"红"的底色，综合提升了"专"的素质。

1. 传承红色基因

学校坚持"利用好红色资源、发挥好红色传统、传承好红色精神"的原则，把红色文化内嵌于理论教学、实践教学和网络教学中，用党的红色文化精神资源教育青年。学校将长征精神、抗战精神、抗疫精神、冬奥精神等纳入教学计划和大纲中，开展了"我是革命文物守护人——百件革命文物青年说""青年红色筑梦之旅"等专题社会实践活动，让学生围绕红色

---

① 应义斌. 坚守本色、彰显特色，着力培养全面发展的农林业时代新人 [J]. 中国农业教育，2019，20（5）：12-14.

文化所承载的党和人民英勇奋斗的光荣历史，感悟中国共产党人的精神谱系。加强红色文化课堂建设，学校开创了"红色情景剧"教学法，先后排演了《红灯记》《沙家浜》等红色情景剧，吸引超万名学生参与和观看，寓传承红色精神于展演性实践中，让原本静态的红色资源"活"起来、"动"起来。持续开展暑期"三下乡"社会实践活动，教师带领学生走出教室、走出学校，踏进社会大课堂，利用红色纪念场馆、红色文化研学基地、乡村社区道德讲堂等开展体验式、互动式、沉浸式多种教学形式，让显性教育资源与隐性教育资源相互渗透，引导学生充分了解"四史"，深刻领悟为什么历史和人民选择了中国共产党和社会主义，进一步坚定"四个自信"。

2. 厚植"三农"情怀

学校围绕人才培养目标定位，紧扣社会发展和学生发展需求，结合"中国特色高水平高等职业学校和专业建设计划"、一流专业建设、新农科建设及"卓越农林人才教育培养计划 2.0"等要求，在办好 4 门思政必修课的基础上，开设"中国共产党简史""中国传统文化"等选择性必修课、"大国三农""劳动教育"等选修课，鼓励师生在参与农业发展中发现问题，在服务乡村振兴中思考问题、解决问题，切实提高思政理论课资源的生动性和实效性。学校积极打造"话七秩沧桑巨变，访百家美丽乡村"等农林特色实践教学项目，带领学生调研美丽乡村，开展"春耕、夏作、秋收、冬藏"，让学生在实践中磨炼意志，内化精神。"红""绿"融合式思政课资源的建设已让五届学生受益，在校生 6.8 万人次深入城乡社区参加社会实践或志愿服务；毕业生用人单位满意度达 91.59%，位居江苏省高职院校前列。学校 85% 以上的学生递交了入党申请书，92% 以上的毕业生投身到乡村振兴一线，其中不乏获得全国"互联网+"大学生创新创业大赛金奖、"中国大学生自强之星"等省部级以上荣誉与奖励的优秀学子。学校为社会培养出全国农村青年致富带头人华梦丽、江苏"最美基层高校毕业生"郁宝峰、全国农业产业化国家重点龙头企业负责人吴中平等优秀人才。

（四）支撑了守正创新的文化氛围

随着中国特色社会主义进入新时代，党和国家赋予了职业教育新的要求和新的使命，但多元化的社会思潮对大学生的影响途径日趋多样，网络新媒体资源对传统思想政治工作方式发起的挑战日渐明显，思想政治教育形势愈加复杂，挑战与斗争愈加严峻。学校作为江苏省唯一的农业类国家示范性高职院校，思想政治工作同样面临着诸多挑战。学校主动适应时代和教育对象特点的变化，积极创新，坚持思政资源建设与时代发展并进、与学科建设同频、与学生思想共振，在守正中坚持创新，在创新时保证守正。

1. 培育立德树人的师资力量

思政课是具有鲜明意识形态属性的课程，必须旗帜鲜明讲政治。"红""绿"融合式思政课的根本，就教学内容而言还是要讲清、讲透、讲好马克思主义理论，而要实现思政课的政治引领功能，就离不开可信可敬可靠、乐为敢为有为的教师队伍。学校按照师生比 1∶350 配齐专职思政课教师，引进南京理工大学、南京航空航天大学、江苏大学、南京信息工程大学的 4 名教授，推动相关学科专家、符合条件的二级学院管理干部成为兼职教师，思政课教师队伍持续壮大，结构明显优化，课程质量稳步提升，全员全过程全方位育人氛围逐步形成。学校通过教学研讨、相互旁听、集体备课、以老带新等多种形式，把思政课教师组织起来，形成学理论、传教法、谋创新的浓厚氛围，用集体的智慧帮助每一名思政课教师提升教学能力，让新上岗教师自信站上讲台、骨干教师成功站稳讲台；依托青马社团，通过"老马带青马"，培养了一批青年马克思主义信仰者。由思政课教师担任社团指导教师，指导社团开展读书活动，带领学生品读马克思主义经典，领悟马克思主义基本原理，感受马克思主义真理力量，用彻底的思想理论说服学生，用真理的强大力量引导学生，激发农林青年成为马克思主义的坚定信仰者和忠实践行者。

2. 营造创新育人的良好生态

创新是办好高校思政课的源泉和动力，思政课的创新是在守正基础上的创新①，是坚持因事而化、因时而进、因势而新。移动互联技术的迭代、人工智能的崛起，为"红""绿"融合式思政课内容创新、形式创新、手段创新提供了"核燃料"，插上了"金翅膀"。学校立足省情、校情和学情，聚焦农林特色，充分运用跨界思维、融合思维，不断加强新媒体、大数据、人工智能、虚拟现实等现代信息技术在思政课教学中的应用，开设"农林马院"公众号，推进慕课建设，打造线上线下联动的思政微课堂，提升了思政资源在网络上的嵌入度。集体备课会从学生关注的重点、难点、热点出发，着力甄选符合学生需求、蕴含主流价值观的案例进行定制化、订单式"滴灌"，用学生听得懂、记得住、喜欢看、愿意参与的形式营造了浸润式的思想政治教育氛围。江苏农林职业技术学院致力于德育情境塑造和学习场景营造，建造了党史学习教育展示馆，量身定制了基于地域红色资源的虚拟仿真系统，提升学习资源智能化、智慧化、交互化水平，不断激发学生学习的兴趣和热情，有效推动了思想政治教育由平面向立体、由静态向动态、由单一向多维转变，更好地营造了创新育人的良好生态。

四、"红""绿"融合式思政课资源建设的经验

党的二十大报告里提到"全党要把青年工作作为战略性工作来抓，用党的科学理论武装青年，用党的初心使命感召青年，做青年朋友的知心人、青年工作的热心人、青年群众的引路人"。思政课资源建设事关以怎样的信息充实教育教学内容、以怎样的内容激发学生的学习需求、以怎样的方式丰富学生的理论视野，这是一项推进教学过程中各个要素之间提质联动的系统工程。学校在"红""绿"融合教学改革过程中的探索经验值得总结。

（一）重视顶层设计

农业职业院校构建"红""绿"融合式思政课资源体系要运用系统的方

---

① 汤志华. 论高校思政课守正创新的政治性与学理性统一 [J]. 江西师范大学学报（哲学社会科学版），2019，52（4）：9-14.

法，从全局的角度出发，对各方面、各层次的资源要素进行统筹规划，让不同资源协同发力，推进新时代思政课高质量发展。一方面，需要建立一个上下联动、左右贯通、整体协同的运行体系，布局思政课资源的辨别、甄选、开发、拓展、整合、利用等多个环节，并以更加智慧化的方式打通各个环节，形成畅通的资源供应链；另一方面，需要建立一个科学规范、系统完备的保障体系，从整体上统筹学段、学校和地方各层级的思政课资源，形成教学资源集聚效应，而且要建构起资源合作与协调的体制机制，打造协作共同体，有条不紊地开展资源的管理与应用，使得各类资源能有效地应对各种常态化教学和应急性需要。

在顶层设计层面，应整合实物资源，运用信息化资源，争取人本资源，集聚精神资源，挖掘地域资源，实现多样化教学资源融合、多层次学习资源创新的综合应用。纵向上，要注重思政课资源建设的理论性和体系性，把握好不同资源的内在逻辑结构，梳理资源系统结构，促使资源实现有序管理，避免为刻意吸引学生眼球而造成思政资源碎片化、表面化。横向上，要立足本土文化，充分利用时空要素的拓展性，扩大思政课资源的场域，打造思政社会实践资源库、社会大课堂展示途径等，推动"思政小课堂"与"社会大课堂"资源建设紧密结合，将生动的社会现实生活引进校园。

（二）重视育人为本

立德树人是思政课教学的根本目标，这一目标应该贯穿于"红""绿"融合式思政课资源建设的全过程。农业职业院校要立于时代潮头，树立大思政观，紧扣时代主旋律，直面学生的现实问题，用生动鲜活的资源素材提升科学理论的亲切感；要依托各地丰富的红色文化、民族文化资源，用历史进程中的感人故事、典型案例，丰富思政课资源体系。

根据农业职业院校办学特色和学生特点，还要将"三农"文化充分融入思想政治教育。要围绕培养高素质新型农林人才目标，在思政理论课资源中融入"大国'三农'"情怀教育元素，探索基于不同涉农专业群课程思政价值范式，整合"三农"发展史、"大国'三农'"知识、学校发展史和袁隆平精神、赵亚夫精神等思政元素，构建学校涉农专业课程思政资源体系，全方面深化农林学子的"三农"价值塑造和"三农"情怀教育，以中华五千年农业文明和农耕文化的传承创新坚定"四个自信"，以感恩乡土、感悟乡村、感知乡音、感动乡民的足迹和历练锻造农林学子心系"三农"、情牵"三农"、行为"三农"的赤子情怀。

（三）重视日积月累

"红""绿"融合式思政课资源建设工作不是一蹴而就的，而是需要日积月累、久久为功的大工程。任何一种形态的资源都不是孤立存在的，不同形态的资源之间存在着千丝万缕的联系，需要有心人在正确价值引领下持续做好资源的拓展、辨别、甄选、整合和利用等工作。在校内，每门专业课程中都蕴含着丰富的思政元素，但这些思政资源不是直接显露在课程内容里的，而是隐含在学科理论的深处，蕴含在各个知识点的背后，需要教师主动去发掘、加工和利用。农业职业院校要认真研究每个专业的特点，特别是人才培养要求，总结提炼每门课程、每个章节、每个专题、每个知识点所蕴含的思政资源，持续优化课程思政内容，逐步推动思政课资源建设由点到线，再由线到面，最终形成内涵丰富、全过程覆盖的"红""绿"融合式思政课资源建设体系。

各地都有历史传统教学资源和新时代改革发展建设实践教学资源，前者是开展革命传统教育、理想信念教育、社会主义核心价值观教育和青年大学生传统文化教育的宝贵资源，后者是青年大学生体验改革创新、发展成就、现代化强国建设生动实践的鲜活资源。但如何用好用活地方资源，实现育人功能最大化，则需要长期探索。农业职业院校可以通过校地合作共建共享"地方教学资源共享平台"，盘活地方红色资源，适度打造"地方系列"思政选修课体系，创建网上地方资源教学库，一边开发一边转化，源源不断地充实资源库，丰盈思政课教学课堂。可在地方开辟思政课实践活动基地，开展理论与实践对接的现场教学，指导大学生暑期"三下乡"社会实践活动和"社情民情"社会实践活动。

（四）重视团队协作

农业职业院校教师队伍中 80% 是专业课教师，学生所学课程的 80% 是专业课，学生学习时间的 80% 用于专业学习。这三个 80% 决定了思想政治教育的施教主体不能仅仅是思政课教师，而是要整合思政课教师、专业课教师、学生辅导员和班主任队伍，组建多学科背景互相支撑、良性互动的课程教学团队。学校要通过校、院两级领导带头参加集体备课、随堂听课和教学研讨等活动，强化全体教师教书育人的使命感和责任心。要搭建教学团队，优化师资结构，以马克思主义学院专职教师为主，辅以适当的兼职教师，引进思政课教学科研领域的专家学者进校与思政课教师开展互动，指导教学和科研实践，让思政与学理融通，教学与科研协同。要组织专业课教师和思政课教师结对，帮助专业课教师提升课程思政能力；通过教师之间的"同向同行、协同育人"，保障课程之间的"同向同行、协同效应"，推进"红""绿"融合式思政课资源建设深入实施。

打破大中小学、校内校外等界限，吸收校外地方文化专家或文化传承人、行业企业先进人物和杰出校友代表等共同加入育人队伍，形成育人合力。当前，可推动党史专家、农学专家和先进集体、脱贫攻坚楷模等走进思政课课堂，结合工作实际，以生动事例、鲜活故事共同讲好思政课。从体制机制上保障合作联盟或教育共同体的运作，发挥区域协作团队的集体智慧，建设高质量的农业职业院校思政课课程资源库，由教学骨干、学科专家、行业专家共同组建团队，实施集体备课会，集中提高教研水平，合作开发新课件新教案等，将资源体系转化为贴切的、有效的课堂体系；基于各地区丰富的红色资源，建设大中小思政课资源共享长廊，保持大中小学思政课教学红色基因的一脉相承。

（五）重视推陈出新

新时代思想政治工作要与时俱进，创新求新，落脚在"人"。"红""绿"融合式思政课资源建设应打破常规形式、老套内容、习惯思维，遵循青年成长成才规律，回应学生对现实问题的思考，因时因地因人开发学生易于接受、乐于接纳的思政元素。农业职业院校思政课资源建设创新要因地制宜、因时制宜、因材施教，进一步拓展思政云端触角，立足新媒体，巧用"微阵地"。可通过微信、微博、微电影、微视频、微生活、微课程等各种"微元素"融合渗透，以小见大，更好地助力青年成长成才，以优质慕课等网络资源为依托，拓宽学生视野，深化学生的理论认知。要积极探索"对话课堂""辩论课堂""叙事课堂"等课堂形式，利用各类在线教育平台，以新技术实现课堂与学生的更紧密的联系。

思想政治教育的有效性在于能否用马克思主义理论讲清中国情况、解释社会困惑、解决现实问题。正因此，"红""绿"融合式思政课资源建设除了要服务于思政课课堂教学这个主渠道，还要服务于覆盖各学科、延伸到社会的大思政体系。农业职业院校可以在教材内容基础上不断挖掘具有时代特征的教学资源，尤其要以问题为导向、以能力培养为主线，将理论内容与实践活动紧密结合起来。要充分准确把握不同地域、不同类型层次学校的不同特点，开发地区实践教学资源，积极、深刻探索挖掘，优化编制"资源图谱"，探索课内实践融合案例式、研讨式、体验式等多种探究活动，带领学生到以乡村振兴为代表的实践教育基地接受现场教育，引导学生将理论认知转化为价值认同。

参考文献

（一）图书

[1] 毛泽东. 毛泽东选集：第 1 卷 ［M］. 北京：人民出版社，1969.

[2] 毛泽东. 毛泽东选集：第 3 卷 ［M］. 北京：人民出版社，1991.

[3] 中共中央文献研究室. 毛泽东文集：第 7 卷 ［M］. 北京：人民出版社，1999.

[4] 习近平. 习近平谈治国理政：第三卷 ［M］. 北京：外文出版社，2020.

[5] 丁志春. 思想政治理论课实践教程 ［M］. 2 版. 南京：南京大学出版社，2019.

[6] 朱家存. 基础教育新课程的理论与实践 ［M］. 合肥：安徽教育出版社，2006.

[7] 廖先亮. 综合实践活动课程的理论和方法 ［M］. 武汉：武汉大学出版社，2003.

[8] 王文艺，等. 高职思政课实践教学创新研究 ［M］. 南京：河海大学出版社，2021.

[9] 朱剑昌，王继辉，蒋福春. 高职院校思政课教学指导 ［M］. 北京：中国言实出版社，2008.

[10] 刘耀京. 高校思政课激励机制研究 ［M］. 北京：人民出版社，2022.

[11] 任者春. 思政课教学增强大学生获得感研究 ［M］. 济南：山东人民出版社，2021.

[12] 孙晓玲. 新时代工匠精神与高职思政课融合研究 ［M］. 北京：时事出版社，2021.

[13] 丁俊萍，佘双好. 思政课多元立体教学模式探索 ［M］. 武汉：武汉大学出版社，2017.

［14］陈彦雄. 高校思政课教学质量问题研究［M］. 北京：北京工业大学出版社，2021.

［15］唐明燕. 思政课教学的中华优秀传统文化资源及应用［M］. 上海：复旦大学出版社，2022.

［16］甘玲. 践行渐悟　高校思政课实践教学的探索与实践［M］. 2 版. 秦皇岛：燕山大学出版社，2022.

［17］汪广荣. 新时代高校思政课 STEMP 教学设计模式探究［M］. 厦门：厦门大学出版社，2021.

［18］韩光道. 思政课学生主体实践性教学研究［M］. 武汉：华中科技大学出版社，2014.

（二）文件

［1］习近平. 高举中国特色社会主义伟大旗帜　为全面建设社会主义现代化国家而团结奋斗：在中国共产党第二十次全国代表大会上的报告［R/OL］.（2022－10－16）［2023－03－03］. https：// www. gov. cn/gongbao/content/2022/content_5722378.htm.

［2］中共中央办公厅　国务院办公厅. 关于深化新时代学校思想政治理论课改革创新的若干意见［EB/OL］.（2019－08－14）［2023－03－10］. https：//www.gov.cn/gongbao/content/2019/content_5425326.htm

［3］新时代高等学校思想政治理论课教师队伍建设规定［EB/OL］.（2020－01－16）［2023－02－20］. https：// www. gov. cn/gongbao/content/2020/content_5509718.htm.

［4］中共中央办公厅. 关于加强新时代马克思主义学院建设的意见［EB/OL］.（2021－09－21）［2023－02－10］. https：//www.gov.cn/xinwen/2021-09/21/content_5638584.htm.

［5］教育部等十部门关于印发《全面推进"大思政课"建设的工作方案》的通知［EB/OL］.（2022－08－10）［2023－02－27］. http：//www.moe.gov.cn/srcsite/A13/moe_772/202208/t20220818_653672.html.

［6］国务院关于印发"十四五"推进农业农村现代化规划的通知［EB/OL］.（2021-11-12）［2023-02-25］.https：//www.gov.cn/gongbao/content/2022/content_5675948.htm.

［7］教育部关于印发《高等学校乡村振兴科技创新行动计划（2018—2022年）》的通知［EB/OL］.（2018-12-29）［2023-03-25］.http：//www.moe.gov.cn/srcsite/A16/moe_784/201901/t20190103_365858.html.

（三）文章

［1］习近平.用好红色资源　赓续红色血脉　努力创造无愧于历史和人民的新业绩［J］.求是，2021（19）：4-9.

［2］习近平.努力建设人与自然和谐共生的现代化，求是，2022（11）：4-9.

［3］唐智.红色资源思想政治教育功能的整合与调适［J］.天津中德应用技术大学学报，2020（2）：85-89.

［4］柳礼泉.论思想政治理论课实践教学的形式［J］.思想理论教育导刊，2007（3）：66-69.

［5］唐智.地域资源在高职思政课实践教学中的作用及其实现路径：以广州市从化区为例［J］.四川职业技术学院学报，2016（2）：154-157.

［6］陈悦.办好高校思政课要在"三个着力"上下功夫［J］.学校党建与思想教育，2020（16）：39-41.

［7］程永波，梅景辉，杨荣刚.新时代高校思政课教学实效性提升的现实挑战与策略探析［J］.中国高等教育，2021（19）：33-35.

［8］沈壮海.办好思政课的根本遵循：写在习近平总书记主持召开学校思想政治理论课教师座谈会两周年之际［J］.国家教育行政学院学报，2021（1）：3-10.

［9］冯秀军.新时代高校思政课教师队伍建设难点及其突破［J］.国家教育行政学院学报，2021（1）：17-22.

［10］艾四林.《思政课是落实立德树人根本任务的关键课程》导读

[J]．思想教育研究，2020（9）：3-5．

［11］郑子伟，蔡江云，曾庆玲．"三教"改革的探索与思考［J］．现代职业教育，2021（43）：16-17．

［12］樊伟．学思践悟办好高校思想政治理论课［J］．中国高等教育，2019（7）：7-9．

［13］饶品良．习近平新时代中国特色社会主义思想在高校思想政治理论课的立体化教学［J］．文教资料，2021（20）：101-103．

［14］郎琦，张金辉，贾巨才．基于系统论的高校思想政治理论课实践教学研究［J］．学校党建与思想教育，2017（4）：29-31．

［15］刘勇．地方优秀历史文化资源引入高校思想政治理论课的探索与思考［J］．学校党建与思想教育，2018（23）：47-48，51

［16］赵庆寺．高校思想政治理论课集体备课制度探析［J］．思想理论教育，2020（8）：67-73．

［17］杨秀萍．课程思政与思政课程协同育人：前提、途径与机制［J］．黑龙江高教研究，2021（12）：87-91．

［18］张涛华．新时代高校思政课教师队伍建设略论［J］．学校党建与思想教育，2021（11）：61-63．

［19］丁志春，梅霞．高校思政课"132"教学模式的探索与实践：以江苏农林职业技术学院为例［J］．黑龙江教育（高教研究与评估），2018（7）：9-11．

［20］毛浩生．高职院校第一课堂与第二课堂协同育人研究［J］．内江科技，2021（1）：125-126．

［21］王学红，陈立娥．高职院校思政课"金课"建设问题研究：以江苏农林职业技术学院为例［J］．才智，2022（2）：100-103．

［22］唐智．农业职业院校思想政治课的特色与凝练［J］．重庆电力高等专科学校学报，2020（4）：56-59．

［23］茅山新四军纪念馆［J］．世纪风采，2020（12）：2．

［24］张馨艺．新中国成立以来高校思政课教师队伍建设的价值逻辑

[J]. 学校党建与思想教育, 2022 (13): 50-54.

[25] 徐蓉, 张琪. 新时代高校思想政治理论课教学资源建设研究 [J]. 马克思主义理论学科研究, 2022, 8 (4): 115-123.

[26] 魏德功. 高校校友会的职能与校友资源有效开发的研究 [J]. 广西大学学报 (哲学社会科学版), 2008 (1): 148-153

[27] 操国胜. 关于建立高校思想政治教育资源库的思考 [J]. 乌鲁木齐成人教育学院学报, 2006 (4): 25-28.

[28] 周青军. 高校课程思政建设核心问题和解决思路探讨 [J]. 教育教学论坛, 2020 (27): 70-71.

[29] 应义斌. 坚守本色、彰显特色, 着力培养全面发展的农林业时代新人 [J]. 中国农业教育, 2019, 20 (5): 12-14.

[30] 汤志华. 论高校思政课守正创新的政治性与学理性统一 [J]. 江西师范大学学报 (哲学社会科学版), 2019, 52 (4): 9-14

[31] 季海菊. 新媒体时代高校思想政治教育研究 [D]. 南京: 南京师范大学, 2013.

[32] 杨晓奇. 教学资源及其优化问题研究 [D]. 南京: 南京师范大学, 2014.

[33] 李敏. 高校文化资源对大学生思想的影响及开发研究 [D]. 重庆: 西南大学, 2013.

[34] 危立平. 茅山记忆 [N]. 解放军报, 2021-11-25 (12).

[35] 巫建华. 江苏农林职业技术学院: "红" "绿" 交融乡村振兴路上的亮丽颜色 [N]. 中国教育报, 2021-07-28.

[36] 吕玉婷, 郭海红. 思政课这样上, 真带劲儿 [N]. 江苏教育报, 2016-05-06 (4).

[37] 丁志春. "厉害了, 我的思政课" ——演话剧、做视频、跑调研, 江苏农林职院创新思政教育赢好评 [N]. 中国教育报, 2017-03-25 (2).

[38] 郭荣春, 吴锋. 讲好革命故事 传承红色基因 [N]. 解放军报, 2022-06-06 (7).

后 记

经过一年多的持续努力，这本小书终于要付梓了，我和团队的同事们都很欣慰。

"红""绿"融合的理念，最初来自团队个别成员的自发实践。实践多起来后，便有人将其概括为"红""绿"融合，并提出要打造"唱响'红'的旋律，做好'绿'的文章"特色的农林思政。最初，这一理念主要适用于江苏农林职业技术学院的马克思主义学院建设与思政课教学改革。后来，这种理念"逾越"了马克思主义学院，走向全校，成为学校思想政治教育的一大特色。这是我们所始料未及的。

"红""绿"融合式思政课教学改革，我们已经做了很多年。我们不但在教学内容、教学方法、教学形式上有许多的行动，在师资建设、科学研究、社会服务等方面也进行了许多有益的尝试。有的工作还具有一定的开创性，例如，我们以江苏茅山革命老区地域资源为基础，打造了特色虚拟仿真实训项目——"韦岗战斗""新四军铁军精神"，受到莘莘学子的广泛好评；我们建设了校本思政课实践课程"思想政治理论课社会实践"，深入开展"红色""绿色"类的社会实践活动，并依托实践管理系统进行实时管理，取得了显著的成效；我们立项了"红""绿"融合相关的江苏省高校思政课创新示范点项目和教育部高校思政课教学方法择优推广项目，塑造了品牌形象；等等。许多改革引起了省内外同行的兴趣，他们通过各种方式与我们进行交流、探讨。团队中的一些老师，还在省内外的教研论坛上、学术会议中分享了"红""绿"融合式思政课教学改革的成绩与经验。

为了完成这本书，团队成员唐智拟订了写作提纲，对主要内容进行了初步设计。14位老师共同撰写初稿，具体情况是：唐智撰写绪论，陈旭文撰写第一章，李杨、柯永海、杨柳撰写第二章，王学红、赵荣撰写第三章，丁志春撰写第四章，王晓庆、王淑淑撰写第五章，陈立娥、于慧敏撰写第六章，马万顺、李捷撰写第七章。

在初稿形成之后，唐智、李捷主要负责统稿工作。两位老师多次通读全文，调整相关表述，统一相关口径，让稿子的质量有了明显的提升。

应该说，这本书是江苏农林职业技术学院"红""绿"融合式思政课教学改革的缩影和写照，是集体智慧的结晶。它的形成，离不开马克思主义学院全体同事的积极探索、努力实践、不断总结。我要对他们的辛勤付出表示诚挚的感谢。

当然，由于我及团队成员的水平有限，我们没能对"红""绿"融合式思政课教学改革做更高、更深、更精确的阐述、研究。这个遗憾，只能在未来的思政课教学改革中进行弥补了。

"红""绿"融合式思政课教学改革是一个常讲常新的话题，也是一项常做常新的事业。江苏农林职业技术学院马克思主义学院的同事们，将结合新的形势、新的实际，赋予其新的内涵、新的意蕴，进而开创出农业职业院校思政课的新局面、新图景。

最后，恳请各位同行对我们的教学改革、对这本小书进行批评指导，谢谢大家！

马万顺

2023 年 5 月 6 日